Dyrchafwn lawen lef

Casgliad o wasanaethau teuluol

Paratowyd gan
John Lewis Jones

CYHOEDDIADAU'R
GAIR

ⓑ Cyhoeddiadau'r Gair 1997

Testun gwreiddiol: John Lewis Jones.
Golygwyd gan: Gwyn Jones a Dafydd Owen.
Golygydd Cyffredinol: Aled Davies.

ISBN 1 85994 078 1
Argraffwyd yng Nghymru.

Cedwir pob hawl. Ni chaniateir copïo unrhyw ran o'r deunydd hwn mewn unrhyw ffordd oni cheir caniatâd y cyhoeddwyr.

Cyhoeddwyd gan:
Cyhoeddiadau'r Gair, Cyngor Ysgolion Sul Cymru,
Ysgol Addysg, PCB, Ffordd Deiniol,
Bangor, Gwynedd, LL57 2UW.

CYNNWYS

Rhagair	4
Gwanwyn Duw	5
Mair	13
Y Beibl	21
Duw gyda Ni	30
Perthyn	39
Plant yr Hen Destament a Phlentyn y Testament Newydd	47
Hamdden	58
"Bywha dy waith O! Arglwydd mawr"	66
Addoli Duw	77
Diolchgarwch	85
Dafydd	93
Gweddïau'r Groes	100
Teulu Duw yn diolch	112
Gŵyl y Goleuni	122
Dathlu'r Nadolig	130
Tymor Newydd	139
Gerddi'r Beibl	147
Yr Eglwys Gristnogol	157
Simon Pedr	166
Canu Mawl i Dduw	175

RHAGAIR.

Cyflwynaf y gyfrol hon o wasanaethau i eglwysi Cymru, ac yn arbennig i'r rhai hynny sy'n amddifad o wasanaeth gweinidog a phregethwr ar y Sul. Gellir defnyddio'r rhan fwyaf o'r gwasanaethau mewn oedfaon sy'n cynnwys pob oedran, ac mae'r gweddill ar gyfer plant a phobl ifainc.

Ni fyddai'r llyfr hwn wedi dod i olau dydd onibai am gymorth a charedigrwydd nifer o gyfeillion, a charwn gydnabod hynny yn ddiolchgar.
Hoffwn ddiolch,

   i Undeb yr Annibynwyr am drefnu cyfnod sabothol i'm rhyddhau o'm gwaith arferol fel gweinidog i lunio'r gwasanaethau a'u darparu ar gyfer y Wasg,

   i Eglwysi fy ngofalaeth, Salem, Llanbedr y Cennin, Henryd, Rhodfa Deganwy, Llandudno, a Salem, Bae Colwyn am weld yn dda i'm cynnal a'm cefnogi drwy'r cyfnod hwn,

   i'r Parchedig Aled Davies am ei anogaeth, ac i Wasg Cyhoeddiadau'r Gair am eu gwaith glân,

   i'm gwraig Beryl am ei hamynedd a'i chymorth gyda'r gwaith, ac i'r Parchedigion Gwyn Jones a Dafydd Owen am olygu a chywiro'r proflenni.

Hyderaf y bydd y gyfrol hon yn fendith i bawb a'i defnyddia, ac yn fodd i barhau'r dystiolaeth Gristnogol yng Nghymru.

                                                 John Lewis Jones.

GWANWYN DUW.

Gweddi agoriadol.
Ein Tad nefol a sanctaidd, deuwn ger dy fron i'th gydnabod yn unig wir a bywiol Dduw, a'th addoli yn enw dy fab, ein Harglwydd Iesu Grist. Gweddïwn am gymorth yr Ysbryd Glân i ymateb i neges dy Air, i weddïo, ac i glodfori dy enw ar gân. O Arglwydd, dyro orfoledd dy iachawdwriaeth yn ein calonnau, ac ysbryd dy gariad yn ein haddoliad. Gofynnwn hyn yn enw Iesu Grist. Amen.

Emyn: 87 (C.Y.I.); 953 (M); 24 (M.Y.I) : *Diolch iti, Arglwydd Iesu,*

Darllen: Salm 8.

Gweddi'r Arglwydd.

Llefarydd:
Ar yr adeg hon o'r flwyddyn, mae'n hawdd ategu geiriau'r Salmydd,
"O Arglwydd, ein Iôr, mor ardderchog yw dy enw ar yr holl ddaear!"
Y mae'r caeau gleision a'r gerddi a'r coed yn eu blagur yn tystio fod oerni'r gaeaf wedi mynd heibio, a'i bod hi bellach yn dymor y gwanwyn. Mae'r prifardd o Lanrwst, T Glynne Davies yn mynegi hyn yn hyfryd iawn:

'*Diwrnod o haf ym Mai,*
A'r awyr yn llachar las
Oerni y gaeaf ar drai
A'r gwanwyn yn dda ei flas.'

Yr un yw profiad y bardd Iddewig hefyd,

'*Cod yn awr fy anwylyd, a thyrd fy mhrydferth, oherwydd edrych,*

aeth y gaeaf heibio. Ciliodd y glaw a darfu. Y mae'r blodau'n ymddangos yn y meysydd. Daeth yn amser i'r adar ganu, ac fe glywir cân y durtur yn ein gwlad. Y mae'r ffigysbren yn llawn ffigys ir, a blodau'r gwinwydd yn gwasgaru aroglau prydferth.'
Ambell dro, mae'r gwanwyn yn hir yn cyrraedd, ac oerfel y gaeaf yn gwrthod gollwng gafael. Gwelir ei effaith ar bawb a phopeth, gyda'r tyfiant glas yn brin, a'r hirlwm yn gwasgu dyn ac anifail. Ar adegau felly, yr ydym yn dyheu am gynhesrwydd y gwanwyn ac egni newydd i ddeffro'r ddaear unwaith eto i dyfu a glasu.
'Rwy'n gobeithio fod y dyhead hwn ynom hefyd yn ysbrydol- y dyhead i weld gwanwyn Duw unwaith eto yn ein heglwysi. Ers blynyddoedd bellach, mae trymder ysbryd y gaeaf yn pwyso'n drwm ar eglwysi Cymru, gyda'r canlyniad fod llawer ohonom wedi mynd yn oer yn ysbrydol ac yn wan ein ffydd. Dywedwyd lawer gwaith mai awr Duw yw argyfwng dyn. Yn ein hargyfwng a'n llesgedd crefyddol, gadewch inni gredu hyn, a gweddïo ar i Dduw ein deffro a'n bywhau, fel y gwelwn unwaith eto wanwyn ysbrydol hyfryd iawn yn ein heglwysi, a'n gwlad.

Cyd-weddïwn:

(a) Diolchwn ein Tad am y cyfle hwn i weddïo yn enw Iesu Grist, ein Gwaredwr, a than arweiniad yr Ysbryd Glân. Plygwn ger dy fron yn ymwybodol o'n gwendid, a'n hangen am nerth dy ras. Cyffeswn inni syrthio i wendid oherwydd ein crwydriadau ofer oddi wrthyt ti, a chydag Eseia y dywedwn,
"Nyni oll a grwydrasom fel defaid; troesom bawb i'w ffordd ei hun."
Yn dy drugaredd, erfyniwn arnat ein tywys yn ôl i lwybr edifeirwch, fel y cawn unwaith eto brofi o'th faddeuant rhad yn Iesu Grist.
"Diau efe a gymerth ein gwendid ni, ac a ddug ein doluriau."
Bendigwn dy enw am i'th fab Iesu Grist ddod i'n byd a'n bywyd yng nghyflawnder yr amser, *"gan gymryd arno agwedd gwas, a'i gael mewn dull fel dyn, efe a'i darostyngodd ei hun, gan fod yn ufudd hyd angau,ie, angau'r groes".*

O Arglwydd Iesu Grist, yr hwn a'n gwasanaethaist yn ddiarbed, ac a roddaist dy einioes yn bridwerth dros lawer, pwyswn ar dy drugaredd, a cheisiwn feddyginiaeth dy gariad.

> *'Mi dafla' 'maich oddi ar fy ngwar*
> *Wrth deimlo dwyfol loes:*
> *Euogrwydd fel mynyddoedd byd*
> *Dry'n ganu wrth dy groes.'*

(b) Gweddïwn dros dy Eglwys yn nhrymder gaeaf ein hoes. Ni allwn dystio fel ein cyn-dadau a'n mamau i ddeffroad ysbrydol yn ein gwlad, a theimlwn yn aml y nos yn cau amdanom. O! Dduw, edrych yn drugarog ar Gymru heddiw yn ei thlodi mawr, a gwêl yn dda i weithredu dy Ysbryd yn nerthol unwaith eto yn ein gwlad, drwy dywys dy bobl yn ôl i glyw'r Efengyl, ac i flasu o'r newydd foddion dy ras yn Iesu Grist.

> *'Anadla, Iôr y Gwanwyn,*
> *Fel awel dros ein tir,*
> *I ail ddi-huno Cymru*
> *O gwsg Gaeafau hir.'*

Cyflwynwn i'th ofal ein cymdogion a'n cyfeillion sy'n unig a thrist, a'n hanwyliaid sy'mewn gwendid a llesgedd, a phawb o'th blant sy'n amddifad o gwmni teulu a chyfeillion. Taena dy adain yn dyner drostynt oll, a thywys ninnau i wneud yr hyn a allwn i esmwytháu gofidiau ein hoes. Er mwyn Iesu Grist. Amen.

Emyn: 293(A); 195(M); 490(B) : *'Wele'n sefyll rhwng y myrtwydd'*

Llefarydd:
Un o nodweddion tymor y gwanwyn yw prysurdeb. Y mae'r garddwyr yn brysur yn palu eu gerddi a'u trin i hau'r had, ac

y mae'r ffermwyr yn brysur yn aredig ac yn llyfnu'r tir, a'i wrteithio cyn claddu'r had yn y pridd.
Y mae tymor y gwanwyn yn gyfnod prysur hefyd i nifer o anifeiliaid ac adar. Daw'r wiwer allan o'i gwâl ar ôl cwsg y gaeaf i chwilio am fwyd, ac y mae'r adar yn brysur yn codi tŷ i ddechrau teulu. Tymor geni a magu eu hŵyn hefyd yw'r gwanwyn i'r mamogiaid, ac mae'r ffermwyr yn eu bugeilio, mwy neu lai, ddydd a nos.
Felly, rhwng popeth, mae'r gwanwyn yn dymor prysur iawn yng ngefn gwlad. Y mae'r ffermwyr yn gweithio o fore bach hyd hwyr y nos yn bwydo'r anifeiliaid ac yn trin y tir, a 'does dim amser i'w golli. Ond er bod gorchwylion y fferm yn y gwanwyn yn galed a blinedig, mae'r ffermwyr yn cael llawer o bleser a mwynhad yn eu gwaith. Y mae'r prifardd o ffermwr, Dic Jones, yn mynegi hyn yn hyfryd iawn yn ei awdl i'r Gwanwyn:

>'Pan ddelo'r adar i gynnar ganu
>Eu halaw dirion i'm hail hyderu,
>A phan ddaw'r amser i'r hin dyneru,
>I braidd eni ŵyn, i briddyn wynnu,
>Af innau i gyfannu-cylch y rhod,
>Yn ôl i osod ar ddôl yn glasu.'

Llefarydd:
Beth am gymhwyso a gofyn rhai cwestiynau? Tybed a ydym yn cael yr un mwynhad yn ein gwaith fel Cristnogion yn ein heglwysi, neu a ydym wedi colli'r wefr a'r awydd i weithio? Mae yna le i ofni fod nifer fawr o aelodau eglwysig wedi colli pob dyhead i gymryd rhan yng ngwaith yr Eglwys, gyda'r canlyniad eu bod yn gwneud dim i hyrwyddo'r achos mawr. Ac yna, beth amdanom ni sy'n ceisio cyflawni gwaith yr Eglwys? A yw'n prysurdeb crefyddol yn gydnaws â phrysurdeb tymor y gwanwyn?
Tymor aredig, a gwrteithio'r tir, a hau'r had yw'r gwanwyn, ac mae'r ffermwr yn cyflawni hyn gyda'r gred y bydd yr had

yn y pridd, yn gorchfygu marwolaeth, ac yn atgyfodi drachefn i ddwyn ffrwyth ar ei ganfed.

A yw'n prysurdeb crefyddol ni yn adlewyrchu ffydd y ffermwr, ac yn esgor ar fywyd newydd yn Iesu Grist? Gŵyr y Cristion yng nghanol prysurdeb ei waith fod Crist, Arglwydd y cynhaeaf, yn bendithio ei ymdrechion, ac y bydd pob peth yn cyd-weithio er daioni i'r rhai sy'n caru Duw. Y mae gwybod hyn yn gysur mawr, ac yn gymhelliad inni i ddal ati yn y gwaith y'n galwyd iddo. Cymhelliad cariad Duw yn Iesu Grist yw cyfrinach ymroddiad y Cristion, a thrwy nerth gras, y mae'n abl i droi ei waith yn sacrament, a'i gân yn foliant i Dduw.

Emyn: 845 (A)   :   *'Nyni sy'n troi y meysydd'*
           731 (M); 84 (B)   :   *'Am gael cynhaeaf yn ei bryd'*

Llefarydd:
Mae'r gwanwyn yn dymor cyffrous! Mae'n dymor y deffro, y tyfu a'r adfywio ar ôl cwsg hir y gaeaf, ond mae i'r tymor hyfryd hwn ei beryglon hefyd, ac yn arbennig i'r blagur ifanc ar y pren, a'r tyfiant newydd yn y caeau a'r gerddi. Gwelsom fwy nac unwaith gae o egin ŷd â'i ddail ifanc wedi melynu gan rew y noson gynt.
Gelyn arall yn nhymor y gwanwyn yw'r pïod a'r brain. Os gwelant oen bach gwanllyd newydd ei eni, disgynnant ar unwaith wrth ei ymyl, a'r eiliad nesaf, pan mae'r fam yn troi ei phen, anelant eu pigau creulon am lygaid yr un bach. Adar didostur yw'r brain yn y gwanwyn, ac nid ŵyn bach yn unig sy'n cael eu perygly ganddynt, ond yr had hefyd yn y pridd. Mae'r ffermwr yn brysur yn hau'r had, a'r funud nesaf, ar ôl iddo adael y cae, mae'r brain yn disgyn, yn ceibio'r pridd â'u traed, ac yn codi'r had a'i fwyta.

'Rydym ni Gristionogion, hefyd fel yr had yn y pridd mewn perygl parhaus. Gall y gelyn, fel y brain, ddod heibio yn ddirybudd a'i orchfygu, ac y mae hyn yn digwydd yn aml pan fyddwn yn ein gwendid, neu'n ifanc yn y ffydd. Parodd hyn i Williams Pantycelyn ofyn yn ofidus iawn,

> '*Pam y caiff bwystfilod rheibus*
> *Dorri'r egin mân i lawr?*
> *Pam caiff blodau peraidd ieuainc*
> *Fethu gan y sychder mawr?*'

Yn y cyswllt hwn, mae'n ofynnol inni ofyn a ydym yn gyfrifol am fethiant pobl eraill? Gall y gelyn i'r bywyd Cristnogol fod oddi allan i'r Eglwys ac oddi mewn iddi, a hefyd, oddi mewn i ninnau.
Fe aeth Awstin Sant mor bell â dweud fod'na lawer o ddefaid y tu allan i'r Eglwys a llawer o fleiddiaid y tu mewn. Y mae hyn yn ddweud cryf, ac yn ein gorfodi i fod ar ein gwyliadwriaeth yn barhaus, gan ein holi ein hunain ai rhwystr neu gymorth ydym i eraill i fyw y bywyd Cristnogol. Os diog a difater ydym, os anffyddlon ac anfoesol, yna rhwystr ydym. Meddai Iesu Grist,

"*Os nad yw dyn gyda mi, y mae yn fy erbyn.*"

Am hynny, gweddïwn gyda'r Salmydd,

"*Chwilia fi, O Dduw, iti adnabod fy nghalon; profa fi, iti ddeall fy meddyliau. Edrych a wyf ar ffordd a fydd yn loes i mi, ac arwain fi yn y ffordd dragwyddol.*"

Emyn: 29 (C.Y.I); 792 (Atodiad)   : '*Brwydra bob dydd, cryfha dy ffydd*'

Llefarydd:
Dywed llyfr y Pregethwr wrthym,
"*Y mae tymor i bob peth, ac amser i bob gorchwyl dan y nef.*"

Y mae'r garddwr a'r ffermwr yn ymwybodol iawn o hynny

wrth drin y tir. Y mae pwrpas i'r gwanwyn, ac o ran hynny, i bob tymor yn y flwyddyn, gan gynnwys tymor y gaeaf, pryd rhoir cyfle i'r ddaear orffwyso a chysgu. A oes yna bwrpas i'r gaeaf ysbrydol yr ydym ynddo ar hyn o bryd? Mae'n gwestiwn anodd i'w ateb yn foddhaol, ond 'rydym yn credu y bydd Duw yn defnyddio'r cyfnod anodd hwn yn hanes yr Eglwys i'w bwrpas mawr ei hun. Yn ei law ef, credwn nad difa'r Eglwys a wna caledi'r gaeaf, ond datguddio'r wir Eglwys, a datguddio hefyd gan bwy ohonom y mae'r sylwedd, a phwy sydd heb y gwir.

Llefarydd:
Pwrpas y gwanwyn. Pwy sy'n well na'r ffermwr i ddangos hyn? Yn y gwanwyn, y mae'n ymdrechu â'i holl egni yn ei waith-yn aredig y tir,yn llyfnu, ac yn hau'r had, a gwna hyn gan ymddiried y bydd Duw'r Creawdwr yn cyd-weithio ag ef, yn dyfrhau'r tir, ac yn rhoi tyfiant a chynhaeaf yn ei bryd yn goron ar ei holl lafur.

Wel, onid yw'r cyd-weithio hwn rhwng Duw a dyn yn esiampl ardderchog i ni? Mae ffermwr yn ymdrechu ac yn ymddiried. Yn sicr, y mae'r ysbryd hwn i'w efelychu, ac fel Cristnogion, dylem ymddiried yn Nuw a chredu y gwnaiff, yn ei amser da ei hun, gyflawni ei addewidion, ac y gwelir unwaith eto wanwyn ysbrydol hyfryd iawn yn ein gwlad.

Gwelsom fwy nag unwaith wanwyn diweddar, ac oerni'r gaeaf yn llethu bywyd, hyd yn oed ym mis Mai, a themtiwyd ni i gredu na fyddai'r gwanwyn yn dod y flwyddyn honno. Ond yn ei amser ei hun, fe ddaeth y gwanwyn gan gyflawni trefn y tymhorau.

Credwn fod gan Dduw yn ei ddoethineb drefn yn y byd ysbrydol hefyd, ac y cawn hinsawdd mwy dymunol eto yng Nghymru i gyhoeddi'r Efengyl, ac i beri llawer i gredu yn yr Arglwydd Iesu Grist. Sail ein gobaith yw grym anorchfygol cariad Duw yn ei fab, fel y gwelwyd ar groes Calfaria ac ar fore'r trydydd dydd yn ei atgyfodiad gogoneddus.

Am hynny, peidiwn â digalonni. Mae'r gaeaf yn sicr o fynd heibio, a'n braint ni heddiw yw cyhoeddi buddugoliaeth ein Harglwydd a chwifio banerau Seion ......

'Heddiw yn yr awel rydd,
Ac er amled y gelynion
Ni raid ofni colli'r dydd.
Buddugoliaeth
Ddaw i Seion yn y man, Amen.'

Emyn: 278 (A) : *'Chwifio mae banerau Seion.'*

Y Fendith:
'A bydded i'n Harglwydd Iesu Grist ei hun, a Duw ein Tad, yr hwn sydd wedi rhoi i ni ddiddanwch bythol a gobaith da trwy ras, ddiddanu eich calonnau a'ch cadarnhau ym mhob gweithred a gair da!' Amen

MAIR.

Llefarydd:
'Ac meddai Mair, "Y mae fy enaid yn mawrygu yr Arglwydd, a gorfoleddodd fy ysbryd yn Nuw fy Ngwaredwr."

'Cadwodd ei fam y cyfan yn ddiogel yn ei chalon.'

'Dywedodd ei fam wrth y gwasanaethyddion,"Gwnewch beth bynnag a ddywed wrthych."

'Tra oedd ef yn dal i siarad â'r tyrfaoedd, yr oedd ei fam a'i frodyr yn sefyll y tu allan ac yn ceisio siarad ag ef.'

'Ond yn ymyl croes Iesu yr oedd ei fam ef yn sefyll.'

'Yr oedd y rhain oll yn dyfalbarhau yn unfryd mewn gweddi, ynghyd â rhai gwragedd, a Mair mam Iesu.'

Llefarydd:
Fel y casglwch, thema'r gwasanaeth heddiw yw Mair, mam ein Harglwydd Iesu Grist. Yn yr Efengylau, fe gawn nifer o adnodau yn sôn amdani, ac sy'n gymorth inni wybod sut wraig oedd Mair mewn gwirionedd. Yn y gwasanaeth hwn, fe wnawn olrhain hynt a helynt ei bywyd, a cheisio neges i'n helpu i ddathlu Gŵyl y Geni.

Cyd-weddïwn:
Diolchwn i ti Ein Tad am gyfle'r oedfa hon i fyfyrio ar un o blant y ffydd. Gweddïwn am dy gymorth i ddarllen ac i wrando dy Air yn gywir, fel y gwelwn rinweddau Mair, a'i hedmygedd mawr o'i mab Iesu Grist. Crea ynom ninnau hefyd ysbryd gostyngedig, a chalon barod i ymateb i newyddion da yr Efengyl fod dy fab Iesu yn frawd agos ac yn Geidwad bendigedig. Ac i Ti yn Iesu Grist y rhown ein diolch a'n clod. Amen.

Emyn: 873 (A) : *'Engyl glân o fro'r gogoniant'*
820 (Atodiad) : *'Dyma'r dydd i gyd-foliannu'*

Llefarydd:
Fe ddywedwyd fwy nag unwaith fod yr Eglwys Babyddol wedi rhoi lle rhy amlwg i Mair yn ei haddoliad, a bod yr Eglwysi Protestannaidd wedi ei hanwybyddu yn ormodol. Gyda hyn yn ei feddwl, y mae gan Gwili bennill yn egluro pam 'rydym fel Protestaniaid yn ofnus o ganmol gormod ar Mair. Yn y pennill, y mae'r bardd yn siarad â Mair:

'Maddau dyner forwyn os dysgasom
Roi it lai parch nag a hoffai'r Nef,
Cans ar Fab dy draserch y serchasom,
Rhag dy barchu di yn fwy nag ef.'

Er ein bod yn cydnabod pryder y bardd, 'rydym yn sicr na fuasai Iesu Grist ddim yn gwarafun i ni ganmol ei fam Mair o gwbl. 'Roedd hi yn wraig rinweddol iawn-yn dduwiol ei hanian-yn ostyngedig ei hysbryd-yn wybodus yn yr Ysgrythyrau Iddewig, ac yn fwy na dim, yn deyrngar i'w mab Iesu Grist.

Yn yr Efengylau, fe gawn bump neu chwech hanesyn am Mair, ac ynddynt, 'rydym yn canfod ei phersonoliaeth hyfryd a hawddgar. Dechreuwn gyda hanes Mair yn derbyn y newyddion da ei bod yn disgwyl plentyn.

Darlleniad: Efengyl Luc 1: 26-38.

Llefarydd:
Yn ddiamheuaeth, 'roedd Mair yn wraig rinweddol, ac yn meddu ar aeddfedrwydd ysbrydol arbennig iawn, ac fel un o blant y ffydd, gwyddai nad trwy unrhyw rinwedd personol y dewisiwyd hi gan Dduw i eni Iesu Grist. Llawenhâi iddi dderbyn yr anrhydedd fwyaf a gafodd unrhyw ferch erioed, ac eto, teimlai yn hollol annigonol i'r gorchwyl.

Yn ei chân o ddiolchgarwch i Dduw, mae Mair yn mynegi ei teimladau defosiynol yn hyfryd iawn, ac fel un a brofodd ras Duw yn ei chalon, dywed,
"Y mae fy enaid yn mawrygu'r Arglwydd, a gorfoleddodd fy ysbryd yn Nuw fy Ngwaredwr, am iddo ystyried distadledd ei lawforwyn."

Fe ddywedodd rhywun nad mam gras oedd Mair ond merch gras. Mor wir yw hyn-cael gras wnaeth hi fel pawb arall o blant y ffydd, ac fe danlinellir hynny yng ngeiriau yr angel,
"Henffych well, tydi, yr un y rhoddodd Duw ei ffafr iddi."
Y mae cofio hyn am Mair yn ein cadw rhag troi ein hedmygedd ohoni yn eilun addoliad. Natur pob mam yw canmol ei phlentyn yn hytrach na hi ei hunan. Felly Mair. 'Roedd yn fwy na pharod i gilio o'r llwyfan fel y gallai ei mab Iesu gael y clod haeddiannol i gyd.

Emyn: 895 (A) : *'Enw'r Iesu, Enw mwyn'*
51 (M.Y.I.); 963(Atodiad): *'Iesu, Ceidwad bendigedig'*

Llefarydd:
Symudwn ymlaen o hanes y geni i'r hanes am Iesu yn ddeuddeg oed, pryd yr aeth am y tro cyntaf gyda'i rieni i'r deml yn Jerwsalem. Yn yr hanes hwn, y mae'r ddau riant yn cael sylw, ond Mair sy'n mynegi eu teimladau fel rhieni. Yn rhyfedd iawn, dyma'r cyfeiriad olaf at Joseff yn yr Efengylau. Mae'n cilio o'r golwg yn gyfan gwbl, ac un esboniad a gynigir yw iddo farw pan oedd Iesu yn fachgen ifanc.
Felly, fe adawyd Mair yn weddw yn gynnar iawn, ac yn ôl tystiolaeth Efengyl Mathew, fe'i gadawyd gyda llond tŷ o blant. Nid oes yna ddim tystiolaeth fod gan Iesu chwiorydd, er y gallai hynny fod, ond y mae Mathew yn sôn am bedwar brawd sef Iago, Joses, Seimon a Jiwdas. Yn sicr, nid gorchwyl hawdd oedd magu nifer fawr o blant heb gymorth gŵr, ac nid oes dim gwybodaeth am y cyfnod caled hwn yn hanes Mair, ond mae'n hawdd credu iddi fagu ei theulu â gofal a chariad mawr. Mae hyn yn wir am nifer fawr o famau i lawr ar hyd yr oesau. Ym

marddoniaeth ein cenedl, ceir nifer fawr o deyrngedau i famau duwiol a hunanaberthol, a dengys hyn ein hymdeimlad o ddyled iddynt. Dywed y bardd W.J.Gruffydd, y dylem gofio aberth mam am byth. Dyma gyngor y bardd i'w blentyn bach:

> *'Cofia dy fam a'i phryder hi,*
> *Yn oriau dy nosau anniddig di,*
> *A chofia beunydd mai dy grud*
> *Oedd allor ei hieuenctid drud.'*

Gwrandawn yn awr ar hanes Iesu yn ddeuddeg oed yn ymweld â'r Deml yn Jerwsalem, ac wrth wrando, gadewch inni sylwi ar ymateb Mair i eiriau ei mab.

Darlleniad: Luc 2 : 41-52.

Cyd-weddïwn:
Diolchwn i ti ein Tad am y fraint o wrando ar hanes hyfryd dy fab Iesu yn ymweld â'r deml yn Jerwsalem. Diolchwn i ti am dduwioldeb ei rieni, a'u hymroddiad i fagu eu plant yn nhraddodiadau gorau eu cenedl, a'u harfer i'th addoli yn gyson ar y Saboth.
Yn dy drugaredd, gwna ninnau yn ymwybodol o'n cyfrifoldeb tuag at ein plant-i ofalu amdanynt mewn ysbryd cariad-i'w magu yng nghlyw ac yn ysbryd yr Efengyl sanctaidd, a'u tywys yn rheolaidd gyda ni i'th addoli ar y Sul.
Diolchwn i ti am esiampl Mair fel mam a anwylai ei phlant, ac a gymerodd eiriau ei mab o ddifrif, a'u cadw yn ddiogel yn ei chalon. Dysg ninnau hefyd i drysori dy air, ac i ymateb i gymhellion dy gariad yn Iesu Grist.
Gweddïwn dros deuluoedd ein gwlad, ac yn arbennig plant bychain sy'n amddifad o ofal tad a mam. O Dad nefol, yn dy drugaredd, diogela hwy rhag pob niwed, ac anwyla hwy â'th gariad. Gwêl yn dda hefyd i'n defnyddio yn gyfryngau bendith yn dy law, a boed inni fyw er mwyn dy fab Iesu Grist. Amen

Emyn: 920 (A); 965(Atodiad): *'Am wlad mor dawel ac mor dlos'*

Llefarydd:
Yn ein hanesyn nesaf am Mair,'rydym yn camu ymlaen dros y blynyddoedd. Mae Mair erbyn hyn yn wraig ganol oed. ac yn bresennol gyda'i mab mewn priodas yng Nghana Galilea. Y mae'n bosibl fod gan Mair ran bwysig yn nathliadau'r briodas hon. Tybed ai un o'i meibion oedd yn priodi? Gwrandewch yn awr ar yr hanes, a sylwi y modd y trodd Mair at yr Iesu pan ballodd y gwin.

Darlleniad: Ioan 2 : 1-11.

Llefarydd:
Mae'r hanes hwn yn dangos mor ddibynnol oedd Mair ar ei mab hynaf. Cred rhai i Iesu Grist oedi dechrau ei weinidogaeth gyhoeddus hyd nes cyrraedd ei ddeg ar hugain oed oherwydd ei ofal arbennig o'i fam. Nid ydym yn gwybod i sicrwydd a yw hyn yn wir ai peidio, ond gwyddom fod gofal Iesu o'i fam yn fawr iawn. Yng ngoleuni hyn, ni ddylem ddehongli ymateb Iesu i gais Mair yn y briodas fel cerydd. Onid rhywbeth fel hyn a ddywedodd Iesu Grist?

"Mam fach, peidiwch â phoeni, gadewch i mi ddelio â'r sefyllfa yn fy ffordd fy hun ,-nid yw f'awr wedi dod eto."

Natur Mam mewn priodas yw pryderu, ac mewn priodas, natur mam yw panicio! Gwelwn yn yr hanes hwn Mair yn cael ei thaflu oddi ar ei hechel oherwydd fod y trefniadau wedi mynd o chwith, a'r gwin wedi darfod. Ond fe achubwyd y sefyllfa drwy ymyrraeth rasol Iesu Grist. Fe gyflawnwyd y diffyg mewn modd rhyfeddol iawn-drwy droi'r dŵr yn win.
"Gwnewch beth bynnag a ddywed wrthych." Dyma oedd gorchymyn Mair i wasanaethwyr y wledd. Boed i ninnau fel Mair gymryd geiriau Iesu Grist o ddifrif calon.

Emyn: 784 (A); 279 (M); 379 (B) : *'Hyfryd eiriau'r Iesu.'*

Llefarydd:
Yn yr hanesyn nesaf am Iesu yn pregethu wrth y tyrfaoedd, cawn gip-olwg o Mair yn y dyrfa yn ceisio ei mab. Fel rhieni, y mae'n hawdd inni ddeall ei phryder a'i gofid amdano. Clywsai mae'n debyg mai cymysg oedd ymateb y bobl i neges ei mab- rhai yn frwd drosto, eraill yn wrthwynebus, a rhai hyd yn oed yn elyniaethus. Gadewch inni wrando ar yr hanes.

Darlleniad: Efengyl Marc 3: 31-35.

Llefarydd:
Ychydig iawn a wyddom am ymateb Mair i genhadaeth ei mab Iesu. Y mae'n debyg ei bod hi a'i meibion yn pryderu amdano, a hefyd, mewn dryswch meddwl ynglŷn â'i neges chwyldroadol. Yn sicr, nid cyfrifoldeb bychan oedd bod yn fam i fab mor unigryw. Tybed a oedd rhywfaint o dyndra wedi codi rhwng y teulu o Nasareth â Iesu Grist yn ystod ei weinidogaeth, ac i hyn eu dieithrio am gyfnod oddi wrth ei gilydd? Tybed a oes awgrym o hynny yn yr hanes a ddarllenwyd funud yn ôl?
Yn yr adnodau hyn, gwelwn ymlyniad naturiol mam a brodyr, a gwelwn hefyd ymlyniad di-wyro Iesu wrth ei Dad nefol. Iddo Ef, y mae perthynas pwysicach hyd yn oed na perthynas teuluol. Cofiwn ei eiriau di-gyfaddawd wrth ei ddisgyblion:
"Nid yw'r sawl sy'n caru tad neu fam yn fwy na myfi yn deilwng ohonof fi; ac nid yw'r sawl sy'n caru mab neu ferch yn fwy na myfi yn deilwng ohonof fi."
'Roedd gadael i'w mab dyfu yn ddyn annibynnol yn anodd i Mair, ond yn raddol, fe ddaeth i sylweddoli mai hyn oedd ei chyfrifoldeb.

Emyn: 421 (A) : *'O! am fywyd o sancteiddio'*
281 (M) : *'O! Arglwydd da, argraffa'*

Darlleniad: Ioan 19: 25-27.
Actau 1: 14.

Llefarydd:
Yn yr hanesion a glywsom heddiw fe sylwn i Mair golli ei mab deirgwaith. Digwyddodd hynny yn y Deml, yn y dyrfa, ac wrth y groes.
'Yr Iesu gan hynny pan welodd ei fam'

'Roedd Iesu Grist wedi gweld ei fam mewn sefyllfaoedd amrywiol iawn, ond 'roedd ei gweld hi oddi ar ei groes yn brofiad ysgytwol iddo. Yn wir yr oedd hyn yn brofiad dirdynnol i'r ddau fel ei gilydd. Dyma'r awr pryd gwireddwyd proffwydoliaeth Simeon,
"A thrwy dy enaid di dy hun hefyd yr â cleddyf."
Ceir llinell yn y Gymraeg yn dweud mai,
"Cledd â min yw claddu mam."
Gwyrdrowyd y sefyllfa yn yr achos hwn. Cledd â min i Mair oedd gweld ei mab yn wrthodedig ac yn groeshoeliedig ar y pren. Fel bod meidrol a ffaeledig, ni ddeallai Mair yn iawn feddwl ei mab. Ni ddeallai, o bosib, pam yr aeth mor ufudd i'w farwolaeth, ond os nad oedd Mair yn deall, fe barhaodd i garu ei mab, ac arhosodd yn ffyddlon iddo Ef i'r diwedd. 'Roedd y disgyblion i gyd wedi ffoi am eu heinioes, ond fe arhosodd Mair yn deyrngar iddo i'r eithaf wrth y Groes. Dyma weithred a ddangosodd yn fwy na dim arall ei hymlyniad di-ollwng wrth ei mab. Daw'r hanes i ben gyda'r Iesu yn cyflwyno Mair i ofal Ioan y disgybl annwyl.
'Ac o'r awr honno, cymerodd y disgybl hi i mewn i'w gartref.'

Y mae'r darlun olaf o Mair i'w gael yn llyfr yr Actau. Ceir hi yng nghwmni cant ag ugain o ddilynwyr Crist yn yr oruwchystafell yn Jerwsalem yn gweddïo am dywalltiad yr Ysbryd Glân. Ni wyddom fwy am Mair, ac nid oes sôn mwy amdani yn y Testament Newydd, ond i lawr ar hyd yr oesoedd, y mae Cristnogion wedi ei hedmygu yn fawr, ac yn ei chofio fel mam annwyl a ffyddlon i Iesu Grist. Terfynwn ninnau ein myfyrdod amdani â geiriau Elisabeth mam Ioan Fedyddiwr,
"Bendigedig wyt ti ymhlith gwragedd, a bendigedig yw ffrwyth dy groth di." Amen.

Cyd-weddïwn:
>Diolchwn i ti, ein Tad am blant y ffydd i lawr ar hyd yr oesau. Diolchwn am arweinwyr a diwygwyr cymdeithas, ac am bobl gyffredin fel Joseff a Mair a fu'n ffyddlon i ti, gan fagu a meithrin eu plant yn unol â'th Gyfraith sanctaidd.
>Diolchwn i ti am ein gosod mewn teuluoedd, a'n hamgylchynu â bendithion cartref ac Eglwys. Gweddïwn am ddoethineb i aros oddi mewn i gylch dy gariad, ac am nerth i weithredu dy gariad tuag at ein gilydd, ein hanwyliaid, a phawb.
>Cyflwynwn i'th ofal grasol gartrefi ein gwlad. Gweddïwn ar i ti sancteiddio cariad gwŷr a gwragedd tuag at ei gilydd, a'u harwain i gyflawnder dy gariad sy'n bwrw allan ofn.
>Cyflwynwn i'th ofal hefyd blant sy'n cael eu magu ar aelwydydd heb gariad ynddynt. O Dad, trugarha, ac ymgeledda hwynt â'th gariad dy hun.
>Cadw ni rhag bod yn feirniadol ac yn negyddol ein hysbryd, ond yn hytrach, yn gyfryngau i'th gariad lifo trwom at eraill.
>Gwyddom, ein Tad, mai meidrol a ffaeledig yw pob cariad dynol, hyd yn oed cariad mam tuag at ei phlentyn. Gweddïwn ar i ti ein sancteiddio yn gyfan oll, a dod yn agos, agos atom fel yr awn o'r oedfa hon yn gryfach ein ffydd ynot ti, ac yn barotach ein hysbryd i'th garu a'th wasanaethu.

>>'Dy garu, digon yw
>>Wrth fyw i'th wasanaethu,
>>Ac yn oes oesoedd ger dy fron
>>Fy nigon fydd dy garu.' Amen.

Emyn: 513 (A); 856 (Atodiad); 660 (B)   : *'Dilynaf fy Mugail trwy f'oes'*

Y Fendith.
Yn awr, O! Dduw ein Tad, yr Hwn a'n creaist, ac a roddaist i ni obaith da drwy ras sicrha ein calonnau ger dy fron, o'r pryd hwn hyd yn dragywydd. Amen

Y BEIBL.

Llefarydd:
Pam mae'r Beibl yn cael ei gydnabod fel Gair Duw?
Pam nad ydym yn ei ddarllen yn fwy cyson?
Pam nad yw ei neges yn cael ei gymryd yn fwy o ddifrif yn ein gwlad a'n byd?

Llefarydd:
Beth yw cynnwys y Beibl?
Beth yw neges yr Hen Destament?
Beth yw neges y Testament Newydd?

Llefarydd:
Dyma rai cwestiynau y ceisiwn eu hateb yn y gwasanaeth hwn. Mae'r Beibl yn llyfr unigryw yn ein golwg fel Cristnogion, ond tybed a ydym yn ei ddarllen fel ag y dylem, ac yn deall ei neges? Nid yw'r Beibl yn llyfr hawdd i'w ddeall, ond wrth ddyfalbarhau i'w ddarllen gyda meddwl agored ac ysbryd gostyngedig, fe ddaw ei neges yn glir. Fe geisiwn wneud hynny yn y gwasanaeth hwn-darllen y Beibl a deall ei neges, ond, i ddechrau, fe ofynnwn i Dduw am gymorth yr Ysbryd Glân.

Cyd-weddïwn:
Ein Tad, diolchwn i ti am lefaru wrthym mewn llawer dull a llawer modd, gynt drwy'r proffwydi, ac yn y dyddiau olaf hyn yn dy fab Iesu Grist. Yn yr oedfa hon, gofynnwn yn ostyngedig i ti ein helpu â'th Ysbryd Glân i ddarllen dy air, ac i wrando dy lais yn llefaru wrthym.
Ein Tad, meinhâ ein clyw i glywed dy lais,
    goleua ein deall i dderbyn dy neges,
        a chynhesa ein calon i gofleidio dy gariad yn Iesu Grist.
Dyma'n dymuniad a'n gweddi. Er mwyn dy Enw. Amen.

Emyn: 58 (C.Y.I) : *'Molwn Di, O! Dduw'r goleuni'*
828 (Atodiad) : *'Dyro inni fendith newydd'*
172 (M.Y.I) : *'Dduw Dad, i'th enw rhoddwn glod'*

Llefarydd:
Mewn oriel yn Llundain, fe geir darlun mor fawr fel ei fod yn cymryd y mur, un ochr i'r ystafell i gyd, a'r unig ffordd i'w weld a'i werthfawrogi yn ei gyfanrwydd yw camu yn ôl, ac edrych arno o bell.

Yn yr un modd, dyma a geisiwn ninnau ei wneud â'r Beibl heddiw-camu'n ôl, ac edrych arno yn ei gyfanrwydd. Wrth wneud hynny, fe ddychmygwn ein bod yn edrych ar lwyfan, man perfformio drama fawr y Beibl. Duw yw awdur y ddrama hon, ac ef hefyd yw'r prif gymeriad, a chydag ef ar y llwyfan mae pobl yr oesau.

Mae drama fawr y Beibl yn cynnwys, nid tair act yn unig, fel sydd yn arferol mewn drama, ond pump. Mae'n dechrau â'r prolog, yna tair act yn dilyn ei gilydd, ac yn cloi gyda'r epilog yn llyfr Datguddiad.

Yr hyn a wnawn yn y gwasanaeth hwn yw cyflwyno'n fras gynnwys pum act drama'r Beibl, a chychwyn lle dylid cychwyn-gyda'r prolog.

Llefarydd:
Mae'r prolog i'w gael, fel y'i disgwylid, yn Genesis, llyfr cynta'r Beibl, lle cawn hanes Duw yn gosod y llwyfan ar gyfer ei ddrama fawr. Y llwyfan yw'r greadigaeth ardderchog hon 'rydym yn byw ynddi heddiw.

Yn y prolog, mae'r llwyfan yn cael ei gyfyngu i faint gardd-gardd Eden, ac yn yr ardd ffrwythlon hon y gosodwyd dau gymeriad y ddrama, sef Adda ac Efa.'Roedd Gardd Eden yn baradwys, ac ynddi darparodd Duw yn helaeth ar gyfer ei blant. Gadewch inni wrando ar yr hanes hwn yn Genesis.

Darlleniad: Genesis 2: 7-10,15-24.

Llefarydd:
Yr oedd Gardd Eden yn baradwys-digonedd o fwyd i gynnal Adda ac Efa, a digonedd o ddŵr i'w cadw rhag syched. Ond 'roedd i'r bywyd paradwysaidd hwn ei amodau, sef eu bod yn cadw draw oddi wrth bren gwybodaeth da a drwg, ac yn ymwrthod yn llwyr â'i ffrwyth.
Yn aml, yn hanes dyn, mae'r peth a waherddir yn magu swyn ac apêl. Gwelwyd hyn yn digwydd yn hanes Adda ac Efa. Rhybuddiodd Duw hwynt i beidio â bwyta o bren gwybodaeth da a drwg, ond fe aeth y demtasiwn yn drech na hwy. Yn eu gwendid, methodd Adda ac Efa ag ufuddhau i orchymyn Duw, a chawsant eu hunain yn cymryd y ffrwyth a'i fwyta. Ar unwaith, trowyd eu paradwys yn felltith, ac yn ôl llyfr Genesis, fe'u danfonwyd gan Dduw allan o ardd y bendithion i lafurio'r ddaear wyllt drwy chwys eu hwyneb. Ni fu eu bywyd yr un fath byth wedyn.
Onid oes neges i ni yn y rhan hon o ddrama fawr y Beibl? 'Rydym fel Adda ac Efa wedi ein creu gan Dduw, a'n gosod ar lwyfan y greadigaeth, a'n hamgylchynu â'i roddion daionus. Ond fel y gwyddom yn rhy dda, nid paradwys yw'r ddaear hon bellach i ddyn, ond man uchelgais hunanol ac ymrafael cas. Gwelir hyn yn amlwg yn ein byd heddiw, lle mae cenhedloedd yn methu byw yn gytûn, a phobl yn methu byw yn heddychlon â'i gilydd, ac fel aelodau o'r ddynoliaeth, mae'r clefyd marwol hwn ym mêr ein hesgyrn ninnau hefyd.
Yn y Beibl, fe olrheinir ein cyflwr pechadurus i anufudd-dod Adda ac Efa i Dduw yng ngardd Eden, a neges y Beibl yw mai plant y codwm a'r methiant mawr ydym i gyd.

Emyn: 551 (A); 216 (M); 343 (B) : *'Yn Eden, cofiaf hynny byth.'*

Llefarydd:
Yn dilyn y prolog - deuwn at yr act gyntaf. Fe'i gwelir yn yr Hen Destament, sef hanes perthynas Duw â chenedl Israel. Yn yr act hon, mae'r llwyfan yn cael ei ymestyn o faint gardd

i faint gwlad-gwlad Canaan. Dechreuwyd y ddrama hon â hanes perthynas Duw â theulu-teulu Adda. Yn awr, symudwn ymlaen at hanes perthynas Duw â chenedl-cenedl Israel. Y mae'r act hon yn faith iawn, ac yn ymestyn am gyfnod dros fil o flynyddoedd. Ceir ynddi olygfeydd niferus ac amrywiol iawn. Dechreua'r act hon gyda hanes Duw yn galw Abram o Ur y Caldeaid i wlad Canaan. Cyn cychwyn ar y daith, mae Abram yn derbyn bendith Duw, a'i addewid i wneud ei deulu yn genedl sanctaidd iddo Ef ei hun. Gwrandawn yn awr ar yr hanes.

Darlleniad: Genesis 12: 1-8

Llefarydd:
Fel y dywedwyd yn barod, mae'r act hon, sy'n cyflwyno tyfiant y genedl Iddewig yn faith, ac yn amrywiol iawn ei golygfeydd. Ceir ynddi olygfeydd hyfryd a heddychlon, megis Moses yn gweld gwlad yr addewid o gopa mynydd Nebo, a chanrifoedd yn ddiweddarach y brenin Solomon yn adeiladu'r Deml yn Jerwsalem. ond yn yr act faith hon, fe geir hefyd olygfeydd trist a di-obaith, megis y gaethglud yn yr Aifft yng nghyfnod Moses, ac yn ddiweddarach ym Mabilon yng nghyfnod Jeremeia. Mae'r Salmydd yn rhoi mynegiant byw iawn o ing a hiraeth dirdynnol y genedl Iddewig yn y cyfnod hwn:

> *'Ger afonydd Babilon yr oeddem yn eistedd*
> *ac yn wylo wrth inni gofio am Seion.*
> *Ar yr helyg yno bu inni grogi ein telynnau,*
> *oherwydd yno gofynnodd y rhai a'n caethiwai am gân,*
> *a'r rhai a'n hanrheithiau am ddifyrrwch.*
> *"Canwch inni," meddent, "rai o ganeuon Seion."*
> *Sut y medrwn ganu cân yr Arglwydd mewn tir estron?*
> *Os anghofiaf di, Jerwsalem, bydded fy neheulaw'n ddiffrwyth; bydded i'm tafod lynu wrth daflod fy ngenau os na chofiaf di, os na osodaf Jerwsalem yn uwch na'm llawenydd pennaf.'*

Mae'n anodd crynhoi neges yr Hen Destament i ychydig frawddegau, ond yn y rhan hon o ddrama fawr Duw, gwelwn o leiaf dri gwirionedd, sef,
>anffyddlondeb pechadurus y genedl i Dduw,
>ffyddlondeb di-ball Duw tuag ati, a
>disgwyliad hir y genedl am y Meseia.

Emyn: 320(A); 198(M); 425(B) : *'Wele cawsom y Meseia.'*

Llefarydd:
Y mae neges ac anogaeth yr emyn a ganwyd yn awr, i lawenhau ac i ddiolch, yn addas iawn ar gyfer yr ail act, sef hanes dyfodiad y Meseia i lwyfan hanes, ac ymateb y genedl iddo a'i neges. Fe geir yr hanes yn yr Efengyl yn ôl Mathew, Marc, Luc ac Ioan.
Yn sicr, dyma'r act bwysicaf yn hanes y ddynoliaeth, sef dyfodiad a gwaith gwaredigol Mab Duw ar y ddaear hon. Mae proffwydoliaeth yr Hen Destament am ddyfodiad y Meseia wedi dod yn wir. Mae Duw yng nghyflawnder yr amser wedi cyflawni ei addewid fawr, ac mae'r Meseia, prif gymeriad y ddrama wedi ymddangos ar lwyfan hanes.
Ar lwyfan yr Hen Destament, mae Duw yn llefaru drwy ddynion meidrol, ond ar lwyfan y Testament Newydd, mae Duw ei hunan yn ymddangos ym mherson ei fab Iesu Grist, ac yn llefaru wrthym air y gwirionedd. Gwrandawn yn awr ar dystiolaeth Ioan i'r Gair a wnaethpwyd yn gnawd.

Darlleniad: Ioan 1: 1-18.

Llefarydd:
Y mae'r ail act o ran hyd ac amser yn fyr. Byr fu ymddangosiad Mab Duw ar ein daear, a chyfnod o dair blynedd fu ei weinidogaeth gyhoeddus. Ond y fath effaith a gafodd ar ein byd! Fe'n carodd â chariad nas gwelwyd ei debyg na chynt nac wedyn. Fe'n carodd ni, hen blant y codwm, i'r eitha'-hyd angau'r groes, ac ar y dydd cyntaf o'r wythnos, ar ôl dydd Gwener y Grog, fe

ddatguddiodd Iesu Grist fuddugoliaeth ei gariad yn ei berson byw, ac yn ddiweddarach, ym mywydau'r rhai oedd yn credu ynddo.

"Ac aethant hwy allan," *medd Marc am y disgyblion wrth gloi ei Efengyl*, "a phregethu ym mhob man, a'r Arglwydd yn cydweithio â hwy ac yn cadarnhau'r gair trwy'r arwyddion oedd yn dilyn."

Emyn: 336 (A); 197 (M); 427 (B)   :   'Mawr oedd Crist yn
                                                    nhragwyddoldeb'

Llefarydd:
Y mae drama fawr y cadw, yn symud ymlaen i'r drydedd act, sef hanes arwrol Cristnogion yr Eglwys Fore, fel y ceir yn llyfr yr Actau a llythyrau yr Apostolion.

Ystyrir llyfr yr Actau yn llyfr pwysig iawn yn y Testament Newydd, gan ei fod yn codi llenni'r llwyfan inni gael cip olwg ar yr Eglwys Gristnogol yn ei chyfnod cynhara'. Mae nifer dda o gymeriadau yn ymddangos ar y llwyfan, megis Pedr ac Ioan, Steffan a Philip, Paul a Silas, ac amryw eraill. 'Roeddynt yn frwd eu hysbryd dros Iesu Grist, a chadwyd fflam eu tystiolaeth yn eirias gan dân yr Ysbryd Glân. Medd Luc amdanynt,

"*A llanwyd hwy oll â'r Ysbryd Glân, a dechreusant lefaru â thafodau dieithr, fel yr oedd yr Ysbryd yn rhoi lleferydd iddynt.*"

Mae hanes tyfiant a lledaeniad yr Eglwys Fore yn rhyfeddol. Do, fe gafodd llawer o Gristnogion cynnar eu herlid yn ddi-drugaredd, a'u merthyru, ond trwy'r cyfan, byrdwn eu bywyd oedd fod Iesu Grist mor fyw ag erioed, ac yn Arglwydd eu bywyd.

Gadewch inni wrando ar adnodau o lyfr yr Actau sy'n disgrifio ansawdd bywyd Cristnogion yr Eglwys Fore.

Darlleniad: Actau 2: 43-47.

Gweddïwn:
Diolchwn ein Tad am dy Eglwys, yr hon a adeiledaist ar sail yr

apostolion a'r proffwydi, ac Iesu Grist ei hun yn ben conglfaen. Diolchwn am hanes arwrol Cristnogion yr Eglwys Fore, ac am ddewrder eu ffydd yn wyneb erledigaeth a merthyrdod. Diolchwn am loywder ffydd dilynwyr dy fab Iesu yng Nghymru. Do, fe roddaist inni bregethwyr ffyddlon i'th Efengyl a gwasanaethgar i'th Eglwys, a rhoddaist hefyd aelodau fu'n ddiwyro eu cred, ac yn gyfryngau i gyfieithu dy gariad yn weithredoedd prydferth a da.
Yn dy drugaredd, nertha ninnau hefyd i wneud ein rhan, ac i fod yn dystion byw ac effeithiol i'th fab Iesu Grist,
"Canys i hyn y'n galwyd," fel y dywed dy Air, "oherwydd dioddefodd Crist yntau er eich mwyn, gan adael i ni esiampl, inni ganlyn ôl ei draed ef."

Cyflwynwn i'th ofal bawb sy'n glaf, ac yn cael eu llethu gan bryder ac ofn. O Dad, cynnal hwy â grym dy gariad, cysura hwy â diddanwch yr Ysbryd Glân, a bendithia hwy â'th dangnefedd.
Yn dy diriondeb, erfyniwn arnat fwrw dy gysgod dros ein cyfeillion a'n hanwyliaid, a'u cadw yn rhwymau dy gariad.
Clyw ein gweddïau yn dy nefoedd, ac ateb ni yn ôl dy ddoethineb a'th drugaredd am ein bod yn gofyn y cyfan yn enw ein Gwaredwr Iesu Grist. Amen.

Emyn: 311 (A); 560 (M); 478 (B):   *'N'ad fod gennyf ond d'ogoniant'*

Llefarydd:
Y mae drama fawr y Beibl yn tynnu at ei therfyn, ac yn dod i ben gyda'r Epilog, yn llyfr Datguddiad.
Llyfr anodd iawn i'w ddeall a'i werthfawrogi yw'r Datguddiad, ond ynddo, fe ddatguddir sut ac ymha fodd y daw amcanion Duw i ben. Yn niwedd y ddrama, gwelwn y frwydr rhwng y da a'r drwg yn poethi ac yn ffyrnigo. Mae'r diafol, ein gwrthwynebydd, yn cerdded oddi amgylch fel llew yn rhuo, gan chwilio am rywun i'w lyncu. Ond er ffyrniced yw ei ruadau, ac er poethed y frwydr, nid oes rhaid anobeithio. Mae'r

fuddugoliaeth derfynol yn eiddo Duw yn Iesu Grist, ac fe ddaw pobl yr Arglwydd allan o'r cystudd mawr yn fuddugoliaethus eu gwedd, ac yn orfoleddus eu cân. Clywch dystiolaeth Ioan:

"Ar ôl hyn edrychais, ac wele dyrfa fawr na allai neb ei rhifo, o bob cenedl a'r holl lwythau a phobloedd ac ieithoedd, yn sefyll o flaen yr orsedd ac o flaen yr Oen, wedi eu gwisgo â mentyll gwyn, a phalmwydd yn eu dwylo. Yr oeddynt yn gweiddi â llais uchel:
"Buddugoliaeth i'n Duw ni, sy'n eistedd ar yr orsedd, ac i'r Oen!"

Am hynny, nid gyda'r diafol a'i weision mae'r gair olaf, ond gyda Duw a'i fab ef yn Iesu Grist. Dyma yn wir, yw byrdwn llyfr y Datguddiad:

"Amen, I'n Duw ni y bo'r mawl a'r gogoniant a'r doethineb a'r diolch a'r anrhydedd a'r gallu a'r nerth byth bythoedd! Amen."

Llefarydd:

Heddiw, 'rydym ni ar lwyfan hanes, ac yn cymryd rhan yn y ddrama fawr hon. Mae'r ddrama yn tynnu at ei therfyn.'Rydym yn byw yn y dyddiau diwethaf, sef epilog drama fawr Duw yn hanes dynion. Y cwestiwn tyngedfennol i bawb ohonom yw, a ydym wedi ymateb i alwad yr Efengyl i edifarhau am bechodau'n bywyd, a chredu yn yr Arglwydd Iesu Grist? Heddiw-y foment hon yw'n cyfle ni i gredu'r Efengyl, ac i ddweud gyda Phedr wrth Iesu Grist,

"O Arglwydd, at bwy yr awn ni? Y mae geiriau y bywyd tragwyddol gennyt ti, ac yr ydym ni wedi dod i gredu a gwybod mai ti yw Sanct Duw."

Gadewch inni felly ymateb yn gynnes i wirionedd Gair Duw yn y Beibl, fel y cawn ein tywys i'r bywyd llawn a bendigedig yn Iesu Grist. Ac iddo ef y byddo'r clod a'r gogoniant, yn awr, a hyd byth. Amen

Emyn: 589 (A); 238 (M) : *'Ni ganwn am gariad Creawdwr yn ddyn.'*

Y Fendith:
'Moliant i Dduw y Tad a'n creodd ni,'
'Moliant i'r Mab, yr Iesu a'n prynodd ni,'
'Moliant i'r Ysbryd Glân am ei ddoniau i ni,
O! Drindod Sanctaidd, cadw a chymorth ni.   Amen.'

DUW GYDA NI. (Gwasanaeth Nadolig)

Llefarydd:
"*Wele bydd y wyryf yn beichiogi, ac yn esgor ar fab, a gelwir ef Immanuel.*"

> '*Wele Dduwdod yn y cnawd,*
> *Dwyfol Fab i ddyn yn frawd.*
> *Duw yn ddyn! Fy enaid gwêl,*
> *Iesu ein Immanuel.*'

Cyd-weddïwn:
Diolchwn i ti, ein Tad am ŵyl y Nadolig, a'i newyddion da o lawenydd mawr iti ddod i'n byd a'n bywyd yn Iesu Grist. Wrth inni edrych ymlaen i ddathlu'r ŵyl hon, cynorthwya ni i amgyffred trwy ffydd, arwyddocâd y cyhoeddiad mai Duw Immanuel-Duw gyda ni, wyt ti yn Iesu Grist. O Arglwydd, bendithia ni â'r ymwybyddiaeth o'th bresenoldeb sanctaidd, a llanw ni ag ysbryd gostyngeiddrwydd, a dyhead enaid i'th addoli mewn prydferthwch sanctaidd. Gofynnwn hyn yn enw dy fab annwyl a'n Ceidwad bendigedig, Iesu Grist. Amen.

Emyn: 697 (A); 143 (M); 637 (B)   :   '*Pob seraff, pob sant*'

Llefarydd:
Mae'n anodd gwybod pam na chafodd mwy o gapeli Cymru eu henwi yn Immanuel, ac yn arbennig o gofio mai ei ystyr yw 'Duw gyda ni'. Nid ydym ym honni fel Eglwys fod hyn yn brofiad cyson inni, ond y mae adegau pan 'rydym yn fwy ymwybodol fod Duw yn Dduw Immanuel-yn Dduw gyda ni yn Iesu Grist, ac un o'r adegau hynny yw gŵyl y Nadolig.
Mae'r disgrifiad o Dduw gyda ni yn ein dwyn ar unwaith i awyrgylch gŵyl y Geni. Yn yr Efengyl yn ôl Mathew yn unig y cawn y gair 'Immanuel'. Yn wir, mae Mathew yn dechrau ac yn cloi ei Efengyl trwy bwysleisio'r gwirionedd mawr hwn am Dduw.

Yn y bennod gyntaf, mae'n dyfynnu neges un o broffwydi'r Hen Destament,

"Wele, bydd y wyryf yn beichiogi, ac yn esgor ar fab, a gelwir ef Immanuel", hynny yw, o'i gyfieithu, *"Y mae Duw gyda ni."*

Ac yn y bennod olaf, mae'n dyfynnu addewid yr Arglwydd Iesu Grist i'w ddilynnwyr,

"Ac yn awr, yr wyf fi gyda chwi bob amser hyd ddiwedd y byd."

Duw gyda ni yn Iesu Grist yw newyddion da yr Efengyl. Felly, wrth ddathlu genedigaeth Iesu Grist, mae'n bwysig nodi nad cofio digwyddiad hanesyddol yn unig a wnawn, ond cyhoeddi gwirionedd sy'n fythol gyfoes, sef fod Duw yn Dduw Immaniwel-gyda ni yn awr, a phob amser. Gan gofio hyn, fe wrandawn yn awr ar hanes yr angel yn cyhoeddi'r newyddion da i Joseff.

Darlleniad: Efengyl Mathew 1: 18-25.

Emyn: 62 (C.Y.I.) : *'O! f'enaid, cân, mawrha yr Arglwydd Dduw'*
  971 (Atodiad) : *'Wele'n gwawrio ddydd i'w gofio'*

Llefarydd:
Immanuel, Duw gyd ni mewn gostyngeiddrwydd.
Safai bachgen bach o flaen llun ei dad, a syllai yn hir ac yn boenus arno. Nid oedd wedi gweld ei dad ers misoedd lawer, a chyda hiraeth llond ei galon a dagrau yn ei lygaid, trodd at ei fam gan ddweud wrthi.

"Mam, mi liciwn i petasai dad yn dod allan o'r llun 'ma."

Onid hynny, mewn un ystyr, a wnaeth ein Tad Nefol yn Iesu Grist, sef camu allan o lun yr Hen Destament, a chamu i mewn i hanes ein byd? A mwy na hynny hefyd-fe gamodd i mewn i'n bywyd, a'i uniaethu ei hunan â ni o'r crud i'r bedd.

> 'Wele Dduwdod yn y cnawd,
> Dwyfol Fab i ddyn yn frawd'

Mae'r digwyddiad hwn yn peri inni ryfeddu at ostyngeiddrwydd Duw. Yn ei fab Iesu Grist, dangosodd Duw nad oedd am i'w anfeidroldeb lethu ein meidroldeb ni, na'i hollalluowgrwydd lethu ein gwendid ni. Am hynny, fel y dywed yr Apostol Paul yn ei lythyr at Gristnogion Philipi:

"Er ei fod ef erioed ar ffurf Duw, ni chyfrifodd fod cydraddoldeb â Duw yn beth i ddal i gafael ynddo, ond fe'i gwacaodd ei hun, gan gymryd ffurf caethwas a dyfod ar wedd dynion."

Y mae'r dirgelwch hwn wedi peri rhyfeddod mawr yng nghalonnau Cristnogion i lawr ar hyd yr oesau. a chyda'n hemynwyr y dywedwn ninnau,

> 'Ymhlith holl ryfeddodau'r nef
> Hwn yw y mwyaf un-
> Gweld yr anfeidrol ddwyfol Fod
> Yn gwisgo natur dyn.'

Fel Cristnogion, credwn mai'r digwyddiad hwn yw'r dirgelwch mwyaf a welodd ein byd erioed. Y mae'r Ymgnawdoliad yn ddirgelwch na allwn byth ei ddirnad yn llawn, ond er hynny, fe wyddom mai dirgelwch cariad Duw ydyw, a bod ei gariad ef yn Iesu Grist yn destun cân o ddiolchgarwch am byth. Do, daeth Duwdod mewn Baban i'r byd, a heddiw, ni allwn ond ymateb mewn gorfoledd a llawenydd mawr. Gwrandawn yn awr ar hanes genedigaeth Iesu Grist

Darlleniad: Luc 2 : 1-7

Emyn: 887 (A); 982 (Atodiad); 301 (M.Y.I.): *'Tua Bethlem dref'*

Llefarydd:
Immanuel-Duw gyda ni mewn goleuni.
Y mae'r Nadolig wedi cael ei hystyried erioed yn ŵyl y Goleuni. Tystiodd Ioan yn ei Efengyl fod Iesu Grist yn 'oleuni dynion', a'i fod yn oleuni sy'n:

> *"llewyrchu yn y tywyllwch, ac nid yw'r tywyllwch wedi ei drechu ef."*

Nid yw'n rhyfedd felly fod goleuadau a chanhwyllau yn cael lle amlwg yn ein dathliadau. Mae'r arferiad o oleuo canhwyllau ac addurno tai yn mynd yn ôl o leiaf i gyfnod yr Ymerodraeth Rufeinig. Ar yr adeg hon o'r flwyddyn, arferai y Rhufeiniaid gynnal gŵyl i ddathlu dyfodiad y gwanwyn wedi nosweithiau tywyll a hir y gaeaf. Yn eu dathliadau, goleuent ganhwyllau a choelcerthi, a rhoddent anrhegion i'w gilydd, ac edrychent ymlaen i weld goleuni cynnes y gwanwyn yn trechu tywyllwch oer y gaeaf.
Yn gynnar yn ei hanes, fe fabwysiadodd yr Eglwys Gristnogol yr hen ŵyl baganaidd hon i gyhoeddi mai Iesu Grist yw Goleuni'r byd, a bod goleuni ei gariad yn gryfach na holl alluoedd y tywyllwch, fel y gwelwyd mor ogoneddus ar fore Sul y Pasg.

> *"Cans llosgi wnaeth dy gariad pur pob cam.*
> *Ni allodd angau'i hun ddiffoddi'r fflam."*

Dywed yr Arglwydd Iesu Grist wrthym heddiw,

> *"Myfi yw Goleuni'r byd. Ni bydd neb sy'n fy nghanlyn i byth yn rhodio yn y tywyllwch, ond bydd ganddo oleuni'r bywyd."*

Yn ein dathliadau eleni, gadewch felly, i addurniadau ein cartrefi a goleuni'r goeden Nadolig ein hatgoffa, nid am ddyfodiad Siôn Corn, ond am ddyfodiad Arglwydd y goleuni i'n byd. Y mae canlyn yr Arglwydd Iesu Grist yn golygu rhodio yn ei oleuni ef, a'n braint fel 'plant y goleuni' yw llewyrchu ei gariad i ganol tywyllwch ein hoes.

Cyd-weddïwn:
Arglwydd y goleuni, trugarha wrthym yn nhywyllwch ein pechod. Cyffeswn inni garu'r tywyllwch yn fwy na'r goleuni, ac aros yn llawer rhy hir gyda'r pethau sy'n casau'r goleuni, ac yn diffodd gobaith ein bywyd. Erfyniwn arnat i'n tywys i oleuni dy Efengyl yn yr oedfa hon, fel y cawn weld ein tlodi ysbrydol, a'n hargyhoeddi o'n hangen am oleuni'r bywyd yn Iesu Grist. Dywed dy Air wrthym:

"Os rhodiwn yn y goleuni, fel y mae ef yn y goleuni, y mae gennym gymundeb â'n gilydd, ac y mae gwaed Iesu, ei Fab ef, yn ein glanhau ni o bob pechod."

Gweddïwn am nerth dy gariad i lewyrchu dy oleuni i'n gilydd ac i'n cyd-ddynion. Gwna ni yn oleuadau effeithiol i'th fab Iesu ar ein haelwydydd, yn ein heglwysi, ac yn ein cymdogaeth, a thro ein cân o orfoledd yn foliant i ti, ac er mwyn dy fab a'n Ceidwad, Iesu Grist. Amen

Emyn: 874 (A) :   *'Odlau tyner engyl'*
980 (Atodiad); 280 (M.Y.I.):   *'Sisialai'r awel fwyn'*

Llefarydd:
Immanuel, Duw gyda ni mewn gorfoledd.
Rydym wedi meddwl am y Nadolig erioed fel gŵyl o orfoledd mawr, ac unwaith eto, fe roddir cyfle i ni brofi o orfoledd Efengyl ein Harglwydd Iesu Grist.
Am ryw reswm, tueddwn i anghofio'r ffaith fod y bedair Efengyl yn portreadu Iesu Grist fel person ifanc bywiog a llawen. Yn hytrach, mae darlun y proffwyd Eseia ohono fel gŵr gofidus a chynefin â dolur wedi cael llawer mwy o sylw. Yng ngoleuni'r groes, mae hyn, wrth gwrs, yn ddealladwy, ond mae'n bwysig

cofio tystiolaeth yr Efengylau fod Iesu Grist yn berson llawen ei ysbryd, ac iddo ddwyn gorfoledd mawr i fywydau llawer iawn o bobl. Yn wir, fe barodd orfoledd i lawer pan yn faban bach ar lin ei fam Mair. Gadewch inni yn awr wrando ar nifer o adnodau sy'n tystio i'r llawenydd hwn,-

Llefarydd:
Ac meddai Mair: "Y mae fy enaid yn mawrygu'r Arglwydd,a gorfoleddodd fy Ysbryd yn Nuw,fy Ngwaredwr."

Ac meddai Elisabeth wrth Mair, "Pan glywais dy lais yn fy nghyfarch, dyma'r plentyn yn fy nghroth yn llamu o orfoledd."

Dychwelodd y bugeiliad gan foli a gogoneddu Duw am yr holl bethau a glywsant ac a welsant, yn union fel y llefarwyd wrthynt.

A phan welsant y seren yr oeddent yn llawen dros ben.

Yn ddiamheuaeth felly, mae gorfoledd yn un o nodweddion amlycaf y bywyd Cristnogol, ac onid felly y dylai fod, gan ei fod yn tarddu o galon Duw ei hun, ac yn ffrydio yng nghalonnau y rhai sy'n credu yn ei fab Iesu Grist?
Sail ein gorfoledd yw fod Duw gyda ni yn ei fab. ac mae hynny yn rhoi sicrwydd inni y bydd popeth yn iawn. Nid oes gan y dyn seciwlar y cysur hwn ar daith bywyd, a thra y cefna ar Dduw, fe fydd rhaid iddo ymgodymu â'r ymdeimlad poenus o unigrwydd llethol. Ond y newydd da o lawenydd mawr yw nad ydym ar ein pennau ein hunain. Mae Duw gyda ni, ac mae credu hyn ar daith bywyd yn esgor ar orfoledd yn ein calonnau. Fe ddywedodd y Arglwyddes Grey am ei gŵr enwog, Syr Edward Grey,

'He lit so many fires in cold rooms.'

Os felly, pa faint mwy yr Arglwydd Iesu Grist, ac onid hynny a wnaeth yng nghalonnau y rhai a aeth i'w weld yn faban bach yn ei grud? Yn y gwasanaeth hwn, estynnir cyfle i ni hefyd i fynd mewn dychymyg i Fethlehem i weld achos y llawenydd mawr. Awn ar ein taith, ac ymatebwn i alwad y bardd Cynan,

> 'Llawenhewch am mai Iesu Grist yw'n hunig Iachawdwr,
> Iachawdwr y byd,a minnau,a thithau,-a thithau.
> Llawenhewch na ddiffoddir byth mo'i seren Ef
> Llawenhewch gyda Mair a Joseff,
> Llawenhewch gyda'r bugeiliaid a'r doethion,
> Llawenhewch gyda'r Gwirioniaid a'r Merthyri.
> Gyda holl lu'r nef,llawenhewch.'

Darlleniad: Luc 2: 8-20

Emyn: 877 (A); 972 (Atodiad); 308 (M.Y.I.)   : 'O! deuwch, ffyddloniaid'

Llefarydd:
Immanuel-Duw gyda ni mewn dioddefaint.
Os yw goleuni yn amlwg yn hanesion genedigaeth Crist, mae'n bwysig cofio mai llewyrchu a wnaeth y goleuni yng nghanol tywyllwch.
Yr un modd llawenydd- dathlu gŵyl y geni mewn llawenydd 'rydym yng nghanol byd di-groeso a chreulon iawn. Yn wir, mae'r nos, a naws y nos yn amlwg iawn yn hanes y doethion a'r bugeiliaid. Cofiwn hefyd mai yn hwyr y nos y cymerodd Joseff ei gymar Mair a'i blentyn Iesu allan o Fethlehem, gan ffoi i'r Aifft rhag llid a dicter y brenin Herod.
Am hynny, er ein llawenydd, ni allwn anghofio'r wedd dywyll a dioddefus sy'n perthyn i ŵyl y Geni. Do, fe gafodd Iesu Grist groeso calon gan yr ychydig, ond croeso digon oeraidd a gafodd gan eraill. Bu raid i'w rieni chwilio am lety, medd Luc, *"am nad oedd lle iddynt yn y gwesty,"* a phan glywodd Herod am eni Iesu Grist, fe'i cythruddwyd gymaint nes

"rhoi gorchymyn i ladd pob un o'r plant ym Methlehem a'r holl gyffiniau oedd yn ddwyflwydd oed neu lai gan gyfrif o'r amser a hysbyswyd iddo gan y ser-ddewiniaid."

Felly, dod i fyd di-groeso a chreulon a wnaeth Iesu Grist,
        byd y llety llwm a chynllwynion tywyllodrus Herod,
        byd rhoi trethi trymion ar werin dlawd Israel, a
        thywallt gwaed bechgyn bach ym Methlehem, a
        byd hefyd lle clywyd wylofain a galar y gwragedd na
        fynnent eu cysuro.

Llefarydd:
Mae problem dioddefaint yn ein byd wedi peri dryswch meddwl i ddyn erioed, a'i arwain i ofyn cwestiynau megis, pam y mae cymaint o ddioddefaint, a beth y mae Duw yn ei wneud i'w helpu?
Nid yw'n hawdd rhoi atebion boddhaol, ond fel Cristnogion, 'rydym yn cyhoeddi eto y Nadolig hwn fod Duw yn Dduw Immanuel yn yr ystyr ei fod yng nghanol dioddiefaint ein byd, ac yn ei uniaethu ei Hun yn llwyr â thrallodion a holl ofidiau dynol-ryw. Gwyddom iddo wneud hynny yn llwyr ym mherson ei fab Iesu Grist. Nid aros yn faban bach yn niogelwch ei grud a wnaeth Iesu Grist, ond tyfu yn ŵr ifanc a brofodd fywyd yn ei amrywiaeth mawr-yn ei lawenydd a'i ddedwyddwch, ac yn ei galedi a'i chwerwder. Mae hyn yn cysylltu'r crud ym Methlehem â chroes Calfaria, lle yr uniaethodd Iesu Grist ei hun yn llwyr â ni,

"gan fod yn ufudd hyd angau, ie, angau ar groes."

Am hynny, nid ydym fel Cristnogion yn aros yn ormodol gyda'r darlun o'r baban Iesu yn ei grud, ond gyda'r baban a dyfodd yn ŵr ifanc, ac a ddioddefodd waradwydd y groes, a thrwy'r groes, gorchfygu pechod, angau a'r bedd.
Y mae Duw yn Iesu Grist yn Dduw Immanuel-yn Dduw gyda ni heddiw. Ynddo ef y mae sicrwydd ein hiachawdwriaeth, a gobaith ein byd. Gadewch inni ddangos ein gorfoledd yn ein haddoliad iddo, ac yna, wedi'r oedfa hon, mynd allan i'r byd mawr i ganmol ei enw, ac i wasanaethu ein hoes. Amen.

Cyd-weddïwn:
O Arglwydd ein Duw, diolchwn am y cyfle gawsom i baratoi ein hunain i ddathlu genedigaeth dy fab annwyl Iesu Grist. Yn ystod

y dyddiau nesaf, cadw ein golygon ar y seren, fel yr awn i Fethlehem i'w addoli, ac i ryfeddu fod,

> '*Y gair tragwyddol mewn preseb heb fedru gair,*
> *Brenin y brenhinoedd, ond yn fab i Mair,*
> *Yn Arglwydd y Gogoniant,ond yn cysgu yn y gwair.*'

Yng nghanol byd sy'n llawn o newyddion drwg a thrist, diolchwn am y newyddion da a ddaeth i ni drwy Iesu Grist - dy fod yn Dduw Immanuel,
 -yn Dduw gyda ni mewn gostyngeiddrwydd,
 -yn Duw'r Goleuni na all y byd ei ddiffodd,
 -yn Dduw gyda ni yn lawenydd i'n heneidiau, ac
 yn Dduw sy'n gymorth hawdd ei gael mewn cyfyngder.
O Dduw Immanuel, edrych yn drugarog ar dy blant sy'n dioddef anghyfiawnder a phoen, ac yn methu gweld goleuni na gobaith yn unman.
Yn dy drugaredd, dros yr ŵyl hon, tywys
 yr amddifad i gymdeithas dy bobl,
 yr unig i gwmni teulu,
 y tlawd at fwrdd y cyfoethog,
 a'r claf i iechyd a nerth.
A boed i ninnau wneud ein rhan yn ysbryd dy gariad, ac er clod i'th enw, yn Iesu Grist. Amen.

Emyn: 875 (A) : '*Clywch lu'r nef yn seinio'n un*'
            971 (Atodiad): '*Wele'n gwawrio ddydd i'w gofio*'

Y Fendith:

Ar ddiwedd yr oedfa hon, bendigwn dy enw am brofi cynhesrwydd dy gariad ac agosrwydd dy berson, ac mai Duw Immanuel-Duw gyda ni wyt ti yn Iesu Grist. Caniatâ i'r profiad hwn aros yn fendith yn ein calonnau, ac yn sicrwydd y byddi gyda ni y Nadolig hwn, a chyda'th blant ym mhob man. Ac yn awr, i ti, ein Tad Nefol a sanctaidd, ac i'th fab Iesu Grist a'n tywysodd o dywyllwch i oleuni'r bywyd, ac i'r Ysbryd Glân, y byddo'r clod a'r gogoniant.   Amen.

PERTHYN.

Gweddi agoriadol:
Deuwn ger dy fron, ein Tad, fel brodyr a chwiorydd i'n gilydd yn Iesu Grist, ac fel dy blant di. Bendithia ein perthynas â'n gilydd, a helpa ni i godi ein golygon atat ti, a'th addoli mewn ysbryd a gwirionedd. Hyn a wnawn dan arweiniad yr Ysbryd Glân, ac er clod i'th enw.   Amen.

Emyn: 242 (A); 61 (M); 253 (B) : *'Mae Duw yn llond pob lle'*

Llefarydd:
Mae pawb ohonom yn gwybod ystyr y gair 'perthyn', oherwydd un o brofiadau cynnes bywyd yw sylweddoli ein bod yn perthyn i deulu. Mae gan bawb ohonom dad a mam, a rhai ohonom frawd a chwaer. Am hynny, y mae'r gair 'perthyn' wedi dod yn rhan ystyrlon o'n geirfa yn gynnar iawn yn ein bywyd.
Yn gynnar yn ein bywyd hefyd, mae ystyr y gair 'perthyn' yn tyfu ac yn ehangu. Yn fuan iawn, sylweddolwn fod gennym berthnasau eraill heblaw y rhai a welwn ar yr aelwyd bob dydd. Deuwn i ddeall fod gennym hefyd daid a nain, ewythr a modryb, cefndryd a chyfnitheroedd. Mewn geiriau eraill, mae'r gair 'perthyn' yn magu ystyr lletach fel yr awn yn hŷn, a deuwn i sylweddoli y gellir ei ddefnyddio, nid yn unig oddi mewn i'r uned deuluol, ond yn ogystal oddi mewn i unedau eraill, megis Clwb Ffermwyr Ifainc neu Ferched y Wawr. Yn aml iawn, cawn ein hunain yn dweud .*"'rwy'n perthyn i'r côr."*, neu *"'rwyn perthyn i'r gymdeithas,"* neu *"'rwyn perthyn i'r clwb."* Gwelwn yn awr fod y gair 'perthyn' yn magu ystyr ehangach na pherthynas gwaed, a'i bod yn bosibl inni berthyn i'n gilydd ar sail diddordebau tebyg.
Yn y gwasanaeth hwn, fe geisiwn egluro Cristnogaeth yn nhermau perthynas, a phwysleisio mai trwy ddod i berthynas dda â Duw, ein Tad nefol yn Iesu Grist, y deuwn i berthynas

dda â'n gilydd fel brodyr a chwiorydd. Gadewch inni wrando ar yr Arglwydd Iesu Grist yn trafod ei berthynas â'i ddilynwyr, a pherthynas ei ddilynwyr â'i gilydd.

Darlleniad: Ioan 15: 1-17.

Emyn: 715.(A); 405 (B) : *'Tyred, Arglwydd Iôr, i lawr'*

Llefarydd:
Ar Sul cofio Dewi Sant, 'rydym yn ymwybodol o'r berthynas sydd rhyngom â Chymru a'i phobl, a bod y berthynas hon yn ymestyn yn ôl dros y canrifoedd. Fel Cristnogion, fe gredwn nad trwy hap a damwain y cawsom ein hunain yn Gymry, ond drwy ordeiniad Duw, fel y dywedodd Gwenallt,

> *'Dewisodd Duw genedl Israel i'w bwrpas arbennig Ef,*
> *Ac y mae ganddo Bwrpas i bob cenedl arall.*
> *Un o'r cenhedloedd hynny yw ein cenedl ni.'*

Yn yr Hen Destament, y mae'r ymdeimlad o berthyn i genedl yn ddwfn iawn ym meddwl a chalon yr Iddew. Yn wir, fe ellir olrhain y berthynas hon i ddyddiau Abram dros dair mil a hanner o flynyddoedd yn ôl, pryd addawodd Duw roi gwlad iddo, a gwneud ei deulu yn genedl fawr:

"*Dos o'th wlad, ac oddi wrth dy dylwyth a'th deulu, i'r wlad a ddangosaf i ti. Gwnaf di yn genedl fawr a bendithiaf di; mawrygaf dy enw, a byddi'n fendith.*"

Gwreiddiodd yr ymwybyddiaeth o berthynas arbennig â Duw yn ddwfn iawn ym meddwl yr Iddew, ac fe adleisir hyn yn gyson drwy gyfrolau'r Hen Destament. Ynddynt fe ddarlunir Duw fel 'Duw Israel', a phobl Israel fel 'pobl Dduw'. Daw'r pwyslais hwn i'r amlwg yn llyfr y Salmau, er enghraifft,

"*Gwybyddwch mai'r Arglwydd sydd Dduw, ef a'n gwnaeth, a'i eiddo*

ef ydym, ei bobl a defaid ei borfa."
"Gwyn ei byd y genedl y mae'r Arglwydd yn Dduw iddi, y bobl a ddewisodd yn eiddo iddo'i hun."

Llefarydd:
Yr oedd yr Arglwydd Iesu hefyd yn ymwybodol iawn o'i berthynas â'i genedl ei hun, ac fe adlewyrchodd hyn yn ei fywyd a'i weinidogaeth gyhoeddus. Wrth ei bobl ei hun- "defaid colledig tŷ Israel," - y pregethodd gyntaf, ac yn etifeddiaeth ysbrydol ei genedl y gwelodd obaith y byd. Pan neilltuodd ddeuddeg o'i ddilynwyr i fod yn ddisgyblion iddo, 'roedd yn ymwybodol o addaster y rhif i roi arweiniad i ddeuddeg llwyth Israel.

Yn ei gerdd 'Ecce Homo', y mae'r bardd Rhydwen Williams yn disgrifio ymlyniad Iesu Grist wrth ei genedl yn afaelgar iawn. Gadewch inni wrando ar ddetholiad o'i waith:

"Cenedl fechan oedd ei genedl ef fel ninnau....
Hen linach, hen wynebau, hen lawenydd, a hen, hen iaith;
Salm ac ysgrythur yn drysorau hen draddodiad,
A'r Capel Mawr ar y bryn yn sefyll rywle rhwng Jerwsalem a'r Nef.

Yntau, dysgodd garu'r 'hen wlad' a gwarchod 'y pethe',
nid am fod eu tipyn tir a'u pethe'n amgenach, dim ond
am mai nhw oedd a'u piau, ac i'r patrwm hardd
ddod i lawr o genhedlaeth i genhedlaeth, o law i law."

Llefarydd:
Ond nid ddoe yn unig sydd i genedl. Mae'r genedl Gymreig yn fyw heddiw, a'n braint yw ei charu fel ag y mae er gwaethaf ei holl wendidau. Mae Cymru i ni heddiw yr hyn oedd Israel i'r Iddew yng nghyfnod yr Hen Destament. Rhodd gysegredig Duw yw'n gwlad a'n cenedl, ac fel derbynwyr y rhodd ddwyfol hon, dylem ymwybod â'n cyfrifoldeb i garu ein hiaith a'i defnyddio ar ein haelwydydd, ac ym mywyd cyhoeddus ein cenedl. Yn ogystal, mae'n rheidrwydd arnom i warchod ein

diwylliant Cymraeg drwy gefnogi ei gwyliau cenedlaethol, a byw fel Cymry yn ein cartrefi a'r gymdeithas yr ydym yn rhan ohoni.

Gŵr a garodd Gymru yn angerddol oedd O.M.Edwards, Llanuwchllyn, a byrdwn ei neges am ei genedl oedd:

"Y mae i Gymru ei hiaith ei hun, ac ni fedr gadw ei henaid hebddi. Y mae ynddi fil o flynyddoedd wedi eu trysori."

Daw yr un argyhoeddiad i'r amlwg yng ngeiriau Emrys ap Iwan, Cymro arloesol a phroffwyd dewr i Iesu Grist yn y ganrif ddiwethaf. Meddai:

"Gan i Dduw eich gwneuthur yn genedl, ymgedwch yn genedl: gan iddo gymryd miloedd o flynyddoedd i ffurfio iaith gyfaddas i chwi, cedwch yr iaith honno, canys wrth gydweithio â Duw yn ei fwriadau tuag atoch, bydd yn haws i chwi ei gael wrth ei geisio."

Y peth olaf a wnai Sais fyddai gwadu a chefnu ar iaith ei dadau. Mae ganddo barch greddfol at ei iaith, a phob clod iddo am hynny.

Yn yr un modd gadewch i ninnau barchu iaith ein cenedl-nid oherwydd fod yr iaith Gymraeg yn well nag unrhyw iaith arall, ond oherwydd mai'r Gymraeg yw'r iaith a roddodd Duw i ni. Mae'n dda deall fod nifer cynyddol o bobl ein gwlad yn dysgu'r Gymraeg, ac yn rhoi lle anrhydeddus iddi yn eu cartrefi a'u lleoedd gwaith. Gadewch i ni groesawu'r newydd da hwn, ac ymroi i'r frwydr. Mae ein cyfrifoldeb yn fawr, a'n hamser yn brin.

Emyn: 89 (C.Y.I.); 868 (Atodiad); 174 (M.Y.I.) :
 'Dros Gymru'n gwlad, O! Dad, dyrchafwn gri'

Cyd-weddïwn:
(a) Ein Tad, Tad ein cenedl, a Thad holl genhedloedd ein daear, dymunwn ddiolch i ti am Gymru ein gwlad, ac am y breintiau

mawrion a roddaist inni fel cenedl.
Diolchwn iti am ein hiaith-yr hen iaith Gymraeg sydd yn ein gwreiddio yn naear diwylliant cyfoethog ein cenedl. Dyro inni ddoethineb i'w siarad yn ddyddiol, a'u dysgu i'n plant, gan gofio bob amser mai dy rodd werthfawr di yw'r geiriau hyn a lefarwn.
Diolchwn iti am ddiwylliant ein cenedl, am bob llenyddiaeth wâr a miwsig dyrchafedig, am bob crefft a chelfyddyd gain, ac am bopeth a gawsom sy'n gwneud ein hetifeddiaeth yn gyfoethocach, ac yn fwy gogoneddus i ti.
O Arglwydd Dduw ein tadau, cynorthwya ni i gadw'r etifeddiaeth hon yn ddi-lychwin. Gwared ni rhag di-brisio trysorau'r gorffennol, ac arfoga ni ag ysbryd amddiffyn popeth sy'n ddyrchafedig a sanctaidd a berthyn i'n cenedl.

(b) Cofiwn yn ddiolchgar am bawb fu'n wrol dros y gwir yn ein gwlad, ac yn ffyddlon i'th gariad mawr yn Iesu Grist. Diolchwn am dy weision i lawr ar hyd y canrifoedd, ac am Dewi Sant, a phob sant arall fu'n gyfrwng i ddwyn eu cyd-Gymry i gofleidio gwirioneddau dy Air. Yn dy drugaredd, gwna ninnau yn dystion effeithiol, ac yn ffyddlon i'th fab annwyl Iesu Grist.

> 'Er mwyn y Gair, er mwyn yr Oen,
> Er mwyn ei boen a'i gariad,
> Gwna ni'n ddisyflyd dros y gwir,
> A gwna ni'n bur ein rhodiad.'

Yn ein gweddïau, cyflwynwn i'th ofal holl genhedloedd ein daear.
Gofidiwn gyda thi fod cymaint ohonynt yn gwrthod rhodio ffordd cyfiawnder a thangnefedd, a chyfaddefwn ein bod ni fel cenedl yn euog o'r pechod hwn.
O Arglwydd yr holl genhedloedd, tywys arweinwyr a phobl ein byd i lwybr edifeirwch ac ymostyngiad, ac i geisio o'r newydd dy gymod a'th ras yn Iesu Grist, oherwydd ef yw ein tangnefedd ni a gobaith ein byd.
Gweddïwn ar i ti lywio a llwyddo ymdrechion a gwaith Cynghrair y Cenhedloedd Unedig, fel y daw ein byd yn

ddiogelach byd i fyw ynddo, ac yn well byd i'n plant, ac i blant ein plant.

Derbyn ein diolch, ein Tad am wrando ein gweddïau. Rhagora ar ein deisyfiadau, a bendithia weddill ein gwasanaeth yn dy dŷ, am ein bod yn gofyn y cyfan yn enw ein Cyfaill a'n Gwaredwr Iesu Grist. Amen.

Emyn: 194 (A); 403 (M): *'Yr Iesu a deyrnasa'n grwn'*

Llefarydd:
Symudwn ymlaen yn awr, gan ehangu ystyr y gair 'perthynas'. Fel yr awn yn hŷn, deuwn yn ymwybodol o'n perthynas, nid yn unig ag aelodau ein teulu a chyd-Gymry, ond â phobl o bob iaith a chenedl.

Yn hanes cenedl, fel yn hanes unigolyn, ofn yr Arglwydd yw dechreuad pob gwir ddoethineb. Diffyg doethineb, neu yn hytrach, ffolineb pechadurus ar ein rhan fyddai credu ein bod yn well na phob cenedl arall.

Gwelwyd y pechod hwn ym mywyd y genedl Iddewig yn ystod rhai cyfnodau yn yr Hen Destament. Dirywiodd fwy nag unwaith, yn genedl falch a thrahaus ei hagwedd tuag at genhedloedd eraill. Credai'r Iddewon mai hwy oedd cenedl etholedig Duw, a gwrthodai'r rhai mwyaf eithafol yn eu plith unrhyw fath o berthynas â phobl o genhedloedd eraill.

Gwelwyd y gwendid hwn hefyd am gyfnod byr oddi mewn i'r Eglwys Gristnogol yn Jerwsalem, pryd gwrthododd rhai Cristnogion Iddewig gymdeithasu â Christnogion o genhedloedd eraill. Ond yn fuan iawn, dan arweiniad yr apostolion fel Pedr a Phaul, argyhoeddwyd yr Eglwys Fore fod yr Efengyl i'w phregethu i'r holl fyd, a bod pawb yng Nghrist yn frodyr a chwiorydd i'w gilydd, ac yn blant i Dduw.

Llefarydd:
Heddiw, credwn fod holl genhedloedd ein byd yn faes cenhadol i'r Efengyl, a bod cariad Duw yn ymestyn dros yr holl ddynoliaeth. Ac onid hyn yw'r newyddion da, fel y dywed

Ioan yn ei Efengyl?

"Do, carodd Duw y byd cymaint nes iddo roi ei unig Fab, er mwyn i bob un sy'n credu ynddo ef beidio â mynd i ddistryw ond cael bywyd tragwyddol."

Yn wyneb hyn, mae'n rheidwydd arnom, fel Cristnogion, i groesi ffiniau gwlad a chenedl mewn ysbryd cariad, a chyhoeddi fod Duw yn Dad i'r holl genhedloedd, ac mai trwy ddod i berthynas newydd ag ef yn Iesu Grist y deuwn i berthynas gariadus â'n gilydd, ac â phwy bynnag sy'n barod i ymateb.
Ond nid yw caru Duw a'n cyd-ddyn yn golygu ein bod yn cau ein llygaid i anghyfiawnder a chreulondeb sydd yn ein byd heddiw.'Rydym yn condemnio pob peth sy'n dinistrio perthynas dda rhwng pobl â'i gilydd, ac yn dieithrio eu perthynas â Duw.
Wedi'r cyfan, oni ddaeth yr Arglwydd Iesu Grist i'n byd i ladd yr elyniaeth sydd yn ein calonnau, ac i greu perthynas newydd rhyngom â Duw, ac â'n gilydd? Dyma yn wir, yw neges fawr Croes Calfaria- fod Duw wedi'n cymodi ag ef ei hun, a'n bendithio â meddyginiaeth ei gariad.

> 'O! gariad, O! gariad anfeidrol ei faint,
> Fod llwch mor annheilwng yn cael y fath fraint;
> Cael heddwch cydwybod, a'i chlirio trwy'r gwaed,
> A chorff y farwolaeth, sef pechod dan draed.'

I grynhoi. Mae perthynas dda yn allweddol bwysig yn ein hymwneud â'n gilydd fel teuluoedd a chymdeithas, ac fel cenedl a chenhedloedd, ond y berthynas sylfaenol bwysig yw ein pethynas â Duw. Yn wir, mae ein perthynas â Duw yn Iesu Grist yn gwneud pob perthynas arall yn bosibl ac yn ystyrlon.

Am hynny, gweddïwn ar i Dduw adfer a dyfnhau ein perthynas

ag ef ei hun, a'n dwyn i berthynas cariad â'n gilydd yn Iesu Grist, oherwydd ef yw ein tangnefedd ni, a gobaith ein byd.

Emyn: 593 (A); 240 (M); 690 (B)   : *'O! gariad, O! gariad*
anfeidrol ei faint'

Y Fendith:
A thangnefedd Duw, yr hwn sydd uwchlaw pob deall, a gadwo eich calonnau a'ch meddyliau yng Nghrist Iesu. Amen

PLANT YR HEN DESTAMENT A PHLENTYN Y TESTAMENT NEWYDD
(Gwasanaeth Nadolig)

Emyn: 877 (A); 972 (Atodiad); 814 (B) : *'O! deuwch, ffyddloniaid'*

Cyd-weddïwn:
Ein Duw, a Thad ein Harglwydd Iesu Grist, deuwn ger dy fron ar ddechrau'r oedfa hon i ofyn dy fendith ar ein gwasanaeth. Boed i ni'r plant fwynhau cyfleu gwefr a llawenydd y Nadolig i'n perthnasau a'n ffrindiau, a boed inni fel cynulleidfa dderbyn yr hen, hen neges yn danbaid newydd heddiw. Gofynnwn hyn yn enw'r Un a anwyd ym Methlehem Jwdea, ein Harglwydd Iesu Grist. Amen.

Llefarydd:
Tua dwy fil o flynyddoedd yn ôl, fe anwyd plentyn arbennig iawn ym Methlehem Jwdea, a chofiwn amdano ef hyd heddiw. Am ganrifoedd cyn ei ddyfodiad i'r byd, fe fu pobl yn Israel yn proffwydo ac yn disgwyl yn eiddgar iawn amdano. Yn y garol cyntaf a ganwn, os gwrandawn ar yr hen eiriau'n ofalus, fe glywn am hyn.

'Ar gyfer heddiw'r bore'n faban bach, yn faban bach
Y ganwyd gwreiddyn Jesse'n faban bach;
Y Cadarn ddaeth o Bosra,
Y Deddfwr gynt ar Seina,
Yr Iawn gaed ar Galfaria'n faban bach, yn faban bach,
Yn sugno bron Maria'n faban bach.

Caed bywiol ddŵr Eseciel ar lin Mair, ar lin Mair,
A gwir Feseia Daniel ar lin Mair;
Caed bachgen doeth Eseia
'R addewid roed i Adda,

Yr Alffa a'r Omega ar lin Mair, ar lin Mair;
Mewn côr ym Methl'em Jiwda, ar lin Mair.'

Emyn: *'Ar gyfer heddiw'r bore'n faban bach.'*
(y ddau bennill uchod yn unig)

Llefarydd:
Yn yr hen garol hyfryd 'rydym wedi ei chanu, clywsom am faban Mair a anwyd ar gyfer ein byd, ac er ein mwyn ni heddiw. Clywsom hefyd am rai o arwyr yr Hen Destament a fu'n edrych ymlaen am ei ddyfodiad. Yn ein gwasanaeth heddiw, arhoswn yn yr Hen Destament, ac edrychwn yn arbennig ar blant a phobl ifainc y cyfeirir atynt ynddo. Fe ddechreuwn gyda hanes Dafydd a'i frwydr yn erbyn Goliath.

DRAMODIG DAFYDD A GOLIATH.

Dafydd: Goliath o Gath, 'rwy'n barod amdanat ti! A wyt ti'n barod i farw?

Goliath: Pwy sy'n galw arna' i mor hy? O ie,-fe wela i- dyna lipryn bach gwan wyt ti. Mae golwg bugail arnat ti. Cer yn ôl at dy braidd. Wnaiff dy ddefaid ddim niwed i ti!

Dafydd: O na,-wnai ddim mo hynny-hyd yn oed os wyt yn fwy na mi.

Goliath: Yn fwy 'na ti! Ho!Ho! Dyna ddoniol! 'Rwy'n gawr o ddyn, ac 'rwyt ti ond yn damaid bach pitw, ac yn perthyn i genedl fach wan! Cer adref cyn i mi dy wneud yn fwyd i'r adar!

Dafydd: Falle mod i'n fach ond 'rwy'n ymladdwr gyda'r gore. 'Rwyf wedi lladd mwy nag un   llew ac arth wrth edrych ar ôl y defaid.

Goliath: Wel, wel!-a rwan 'rŵyt ti am ladd yr arth yma! Ho!Ho!- ond ble mae dy arfau di? Edrycha ar fy ngwisg rhyfel i - helm o bres, tarian ddiogel ac arfwisg enfawr.

Dafydd: Hen bethe trwm ydyn' nhw. Maen' nhw'n rhy drwm i mi gerdded ynddyn 'nhw.

Goliath: Wel, beth am dy darian di?

Dafydd: Yr Arglwydd Dduw yw fy nharian i - Duw Abraham, Duw

	Isaac a Duw Jacob.
Goliath:	Hei! Dim ond un Duw rhwng cymaint o bobl! 'Rydych chi'r Israeliaid yn bobl ddigri iawn. 'Rych chi'n brin o bopeth - o dduwiau ac ymladdwyr! Mae gennym ni ddigonedd o dduwiau, ac fe gaf help sawl un i guro dy dduw bach di - fe gei di weld.
Dafydd:	Dyna ddigon Goliath o Gath. Cei fy ngwawdio i faint fynni di, ond mae'n rhaid i ti barchu'r unig Dduw - ac fe fydd ef yn awr yn fy helpu i dy guro di. 'Rwy'n tynnu fy ffon dafl allan.
Goliath	*(gan droi a dweud wrth y gynulleidfa)* Ffon Dafl? Mae'r bachgen yn meddwl mai ci ydw i - ffon dafl yn wir!
Dafydd:	Wel, dyma'r gyntaf o'r pum carreg sy' gyda fi. 'Rwy'n rhoi'r garreg yn y ffon dafl rwan, Goliath o Gath.
Goliath:	Rydw i wedi cael digon ar dy hyfdra di-Israeliad pitw! 'Rwy'n dod i roi taw arnat ti am byth.
Dafydd:	Dyma dy ddiwedd, Goliath o Gath. *(Goliath yn syrthio)* Bendigedig fyddo enw'r Arglwydd Dduw a roddodd i mi y fuddugoliaeth hon.

Llefarydd:

Ie, buddugwr oedd Dafydd, a daeth ef yn nes ymlaen yn Frenin ac yn arweinydd ei bobl. Un arall a dyfodd i arwain ei bobl o'u caethiwed oedd Moses. Ar ôl ei eni, bu raid i'w fam ei guddio rhag yr Eifftiaid creulon. Tybed a ydych yn cofio'r hanes? Fe genir cân am Moses gan y plant.

> *'Bu'r baban bach Moses mewn cawell o frwyn*
> *Yn cysgu'n yr afon yn dawel heb gwyn.*
> *Fe welodd ei bobl mewn adfyd bob dydd*
> *A thyfodd i'w harwain o'r gaethglud yn rhydd.'*
> (gellir ei chanu ar y dôn, *'Draw ymhell yn y preseb.'*)

Llefarydd:
Do, fe arweiniodd Moses ei bobl,sef yr Israeliaid, allan o gaethiwed yr Aifft i wlad Canaan, ac 'rydym yn cofio hynny heddiw yn ddiolchgar.

Gŵr arall a fu'n allweddol yn hanes y genedl Iddewig yw Abraham, a chofiwn amdano yn teithio mewn ffydd o Ur y Caldeaid i wlad ddieithr a ddangosodd Duw iddo. 'Roedd ffydd Abraham yn Nuw yn ddwfn iawn, ac fe ddaw hyn yn gliriach eto yn yr hanes amdano ef a'i fab Isaac, un arall o blant enwog yr hen Destament.

Tybed beth oedd meddyliau Isaac fel y teithiodd gyda'i dad i fynydd Moreia i offrymu poeth offrwm i Dduw? Efallai mai rhywbeth fel hyn a redai drwy ei feddwl, ac yntau'n raddol sylweddoli y gwir ofnadwy mai ef ei hunan oedd i gael ei aberthu ar yr allor.

YMSON ISAAC.

Dyna ddistaw ydy 'nhad
(A finne wrth fy modd!)
Cael mynd am unwaith efo fo
I Moreia -i offrymu rhodd.

Dyna ddistaw ydy 'nhad.
(A finne'n cael fath sbri!)
Cyfrwyo'r asyn, hollti'r coed
A'r ddau lanc efo ni.

Dyna ddistaw ydy 'nhad-
Dri diwrnod ar y daith.
Rhaid gado'r gweision yma 'nawr.
Awn ninnau i wneud y gwaith.

Dyna ddistaw ydy 'nhad
Mae'n dechrau mynd i oed.
Caiff gario'r ffagl a'r gyllell fach,
Mi gariaf inne'r coed.

Dyna ddistaw ydy 'nhad
A'i lygaid yn llawn poen.
Nid dyma'r pryd i'w holi ef.
Ond tybed, ble mae'r oen?

Dyna ddistaw yw fy nhad,
Wrth ddweud 'Fy machgen,clyw!
Am oen yr offrwm y tro hwn
Ymddiried wnawn yn Nuw.'

Mor ddistaw ydw inne'n awr,
Mae'n dod yn glir i gyd.
Mae'r Arglwydd wedi gofyn
Am fy nghael i'n aberth drud.

Llefarydd:
Oedd, 'roedd ffydd Abraham yn Nuw mor fawr fel y bodlonodd roi'r peth mwyaf gwerthfawr i'w Arglwydd-rhoi Isaac ei fab yn aberth. Fel y gwyddom, nid oedd Duw yn disgwyl i Abraham gyflawni hyn, ac fe'i arbedwyd rhag aberthu Isaac, ond fe ddangosodd Abraham, barodrwydd os oedd rhaid, i golli ei fab er mwyn boddhau ewyllys Duw.

Symudwn ymlaen at hanes arall o'r Hen Destament, lle gwelwn ddewrder o fath arall. A ydych yn cofio'r hanes am y llanc ifanc a oedd yn barod i ddioddef dros ei ffydd, ac a daflwyd i ffau'r llewod fel cosb am wrthod addoli'r brenin. Dyma'r plant lleiaf i ganu amdano.

Plant bach i ganu: *'Ble Mae Daniel?'*

Ble mae Daniel? Ble mae Daniel?   *Beth ddigwyddodd? Beth ddigwyddodd?*
Yn ffau'r llewod, yn ffau'r llewod.   *I Daniel? I Daniel?*
Am beth? Am beth?   *Dim byd. Dim byd.*
Am iddo beidio addoli'r delwau.   *Caeodd angel safnau'r llewod*

Fe ddaeth allan. Fe ddaeth allan
O ffau'r llewod, o ffau'r llewod
Yn iach. Yn iach.
Am iddo gredu yn ei Arglwydd.

Llefarydd:
Do, fe ddaeth Daniel allan o ffau'r llewod yn holliach, ac 'roedd y brenin yn falch iawn o hynny.

Ymhell cyn geni Daniel, roedd gŵr o'r enw Naaman wedi dioddef yn hir o'r gwahanglwyf, ac fe gafodd iachâd drwy ymolchi seithwaith yn afon yr Iorddonen. Yn yr hanesyn rhyfedd hwn, fe roddir tipyn o amlygrwydd i ferch ifanc a gipiwyd o'i gwlad ei hun gan Naaman i fod yn forwyn i'w wraig.

Un diwrnod, dywedodd gwraig Naaman wrth ei morwyn ifanc o Israel am afiechyd ei gŵr, ac mae ei hymateb yn ddiddorol iawn. 'Rwyf am ichi ddychmygu eich bod yn gwrando ar y sgwrs.

DRAMODIG - NAAMAN .

Gwraig Naaman: Pam 'rwyt ti'n edrych mor drist? Hiraeth sydd arnat ti am dy wlad dy hun? Am Israel?

Y Llances: Wel, mae hiraeth arna i, ond nid dyna sy'n fy mhoeni heddiw.

Gwraig Naaman: Be sy'n bod felly?

Y Llances: Poeni am eich gŵr-am f'arglwydd Naaman ydw i. Mae golwg wael arno fo.

Gwraig Naaman: Oes yn wir. Mae'r gwahanglwyf yn gwneud iddo edrych yn ofnadwy. Mae o wedi trio pob ennaint, ac wedi gofyn cyngor y doethion i gyd, ond mae'r hen glefyd yn bwyta ei gnawd. 'Roedd o'n arfer bod mor olygus.

Y Llances: Wel, fe wn i am un gŵr doeth sy' heb ei weld o.

Gwraig Naaman: Pwy yw hwnnw?

Y Llances: Eliseus y proffwyd o Israel.

Gwraig Naaman: Mae'n rhaid i mi ddweud wrth Naaman!

Llefarydd: Ychydig ddyddiau yn ddiweddarach...

Gwraig Naaman: Ble mae fy morwyn fach? Yr un o Israel.

Y Llances: Dyma fi meistres.

Gwraig Naaman: Mae fy ngŵr eisiau dy weld di. Mae newydd ddod yn ôl o Israel, ac mae wedi gweld dy broffwyd di.

Y Llances: Ydy o'n well?"

Gwraig Naaman: Nac ydy, dim o gwbl, ac mae o mewn tymer wyllt.

Y Llances: Pam hynny meistres?

Gwraig Naaman: Dwn i ddim wir.'Does dim posibl siarad yn gall ag o, ond mae eisiau dy weld di.
(Mae'r llances yn symud i ochr y llwyfan.)

Y Llances: Dyma fi fy meistr. Beth sy'n bod?

Naaman: Beth sy'n bod? Beth sy'n bod?! Wel, mi ddywedai wrthyt ti beth sy'n bod. 'Rwyf wedi cael fy sarháu-dyna beth sy'n bod.

Y Llances: 'Dwi ddim yn deall syr!

Naaman: Wedi cael fy sarhàu ddywedais i.....gan dy broffwyd pitw di yng ngwlad Israel.

Y Llances: Sut hynny meistr?

Naaman: "Cer i 'molchi" meddai wrthyf fi - fi, Tywysog llu Brenin Syria-"cer i ymolchi saith gwaith yn afon yr Iorddonen."

Y Llances: Wnaethoch chi?

Naaman: Naddo'n wir! A phrun bynnag, mae'na ddigon o ddŵr i'w gael yn Syria - oes yn wir!

Y Llances: Ie, afonydd hardd iawn yw afonydd eich gwlad chi meistr. Mae'r enwau hyd yn oed yn hyfryd. Abana a Pharpar....ond...

Naaman: Ond beth?

Y Llances: Wel, meddwl oeddwn i-petai Eliseus wedi gofyn i chi wneud rhywbeth mawr ac anodd, a fyddech chi wedi'i wneud o?

Naaman: Wel.........byddwn mae'n debyg.

Y Llances: A rŵan am ei fod o'n dweud mai rhywbeth syml iawn fel ymolchi yn yr Iorddonen fydd yn eich iachau 'dych chi ddim yn fodlon ei wneud o?

Naaman: Na! Ddim dyna pam.....mae'n anodd egluro.

Y Llances: Falle eich bod yn meddwl eich bod yn rhy bwysig i ymdrochi yn yr Iorddonen?

Naaman: Wel...y...

Y Llances: 'Rwy inne'n meddwl fod Eliseus wedi gofyn i chi wneud rhywbeth mawr iawn-rhywbeth

	rhy anodd i chi efallai.
Naaman:	Rhy anodd? Ymolchi yn yr Iorddonen! Hy!
Y Llances:	Mae Eliseus wedi gweld eich bod yn ŵr balch, ac mae hynny yn rhwystr i chi gredu yn Nuw.'Rŵan, os llyncwch chi eich balchder, ac ymolchi yn ein hafon ni...yr Iorddonen, yna fe fydd Duw yn siwr o'ch helpu.
Naaman:	Wel, mae'n rhaid i mi feddwl am y peth-falle dy fod ti'n iawn wedi'r cyfan. Cawn ni weld...

Llefarydd:

Do, fe gafodd Naaman weld ei wahanglwyf yn cilio a gweld mai Duw Israel yw'r unig wir Dduw.

Weithiau, fel yn yr hanesyn a glywsom rŵan, mae person arall yn gallu bod yn fodd i arwain rhywun at Dduw, a thro arall, mae Duw yn galw'n uniongyrchol ar rywun i'w wasanaethu, a gall y person hwnnw fod yn chi neu fi.

Edrychwn ar ein cymeriad olaf o'r Hen Destament-y bachgen Samiwel yn y Deml yn gwasanaethu Eli,yr offeiriad.

Cân: (dau fachgen yn canu ar yn ail ar y dôn *'Ni a'th Siglwn'*)

Samiwel:
>Eli annwyl dyma fi
>Wrth dy law
>Gelwaist arnaf
>Cefais fraw.

Eli:
>Nage! Samiwel dychwel gorwedd,
>Nage! Samiwel dychwel gorwedd;
>Cysgu'n dawel 'roeddwn i:
>Cysgu'n dawel ddylet ti.

Samiwel:
>Ddwywaith eto galwodd llais
>Arnaf i.

Eli:
      Pwy sy'n galw?
      Pwy ond ti?

      Gwranda Samiwel,gwranda'n ddyfal,
      Gwranda Samiwel,gwranda'n ddyfal;
      Clywaist lais yr Arglwydd Dduw.
      Dos yn ôl a'i neges clyw!

Llefarydd:
Wel, dyna ni.'Rydyn wedi cael ychydig o hanes plant yr Hen Destament. Gadewch inni fynd drostynt unwaith eto a chofio rhywbeth pwysig am bob un ohonynt.

1)Pwy ddaeth yn frenin?	DAF Y DD
2)Pwy arweiniodd Naaman at Dduw?	Y LLA N CES
3)Pwy oedd i gael ei offrymu'n aberth?	ISA A C
4)Pwy oedd yn ddewr?	D A NIEL
5)Pwy arweiniodd ei bobl?	M O SES
6)Pwy glywodd lais Duw ac ufuddhau?	SAMIWE L

(fe fydd cardiau gan y plant i ddangos adeiladu'r gair Y NADOL::)

Llefarydd:
Da iawn. Edrychwch yn fanwl ar yr atebion. Wrth sôn am blant yr Hen Destament, 'rydych bron â gwneud gair cyfarwydd iawn i ni i gyd.

    Y NADOL.....ond mae rhai llythrennau ar goll. Pa rai ydynt?
      (plant bach i ateb)

    Ie!   I a G.::::::   Iesu Grist

    Ie, Y fo sy'n gwneud ein NADOLIG yn gyfan.

Emyn:
> I ganu gyda'r angel rhaid cael Crist, Iesu Grist,
> Mae'n ddewrach byth na Daniel, Iesu Grist;
> Fel llances gynt yn Syria
> Bu'n gennad dros Jehofa
> Fel Isaac ar Moreia, Iesu Grist, Iesu Grist,
> Bu'n aberth ar Galfaria, Iesu Grist.
>
>
> I brofi gwir Nadolig rhaid cael Crist, Iesu Grist,
> Y plentyn bendigedig Iesu Grist;
> Fel Samiwel bu yn ufudd,
> Fel Moses, Gwir arweinydd,
> Yn Frenin mwy 'na Dafydd Iesu Grist, Iesu Grist,
> Awn ato gyda'n gilydd, Iesu Grist.
> (yr emyn i'w chanu ar y dôn, *'Ar gyfer heddiw'r bore'*)

Darlleniad: Mathew 2 : 1-15.

(ar ôl hyn gellir, os dymunir, ganu detholiad o garolau neu adrodd cerddi am y Nadolig neu gyflwyno dramodig y geni.)

Llefarydd:
Ie'n wir-os buom yn sôn am blant yr Hen Destament, Plentyn y Testament Newydd sy'n rhoi ystyr i'r Nadolig ac i'n bywydau. I ni Gristnogion, mae Iesu Grist yn Frenin mwya'r byd, yn arweinydd dewra' fu erioed, yn gyfaill nad oes ei debyg, ac yn Un a fu'n ufudd i Dduw hyd angau'r Groes. Mewn geiriau eraill, gwelwyd ym mherson Iesu Grist gyfuniad o holl rinweddau plant yr Hen Destament-a mwy o lawer na hwy hefyd. Gwelwyd ynddo ogoniant Duw ei hun. Yn wir, Duw ydoedd yn y cnawd, ac eleni eto, estynnir cyfle inni lawenhau yn y digwyddiad rhyfeddol hwn, a chanu gyda'r emynydd,

'Yn y nef gogoniant,
Hedd i ddynol ryw;
Ganwyd heddiw Geidwad,
Crist yr Arglwydd yw!'   Amen.

Emyn: 874 (A)   :   *'Odlau tyner engyl'*
97b (Atodiad); 318(M.Y.I.):   *'O! dawel ddinas Bethlehem'*

Y Fendith:
Gras i chwi a thangnefedd oddi wrth Dduw Dad, a'n Harglwydd Iesu Grist. Amen.

HAMDDEN

Llefarydd:
Thema'r gwasanaeth heddiw yw hamddena, a'r modd y dylem wneud hynny fel Cristnogion. Mae llyfr y Pregethwr yn dweud wrthym fod *"amser i bob gorchwyl dan y nefoedd."* Felly, yn ogystal â gwaith, mae hamdden hefyd yn rhan o orchwyl y Cristion. Nid peiriant yw dyn sy'n gallu mynd ymlaen ac ymlaen yn ddi-ddiwedd, ond person sy'n blino, ac sydd angen gorffwys a hamdden.

Cyd-weddïwn:

*'Hwn yw y sanctaidd ddydd,
Gorffwysodd Duw o'i waith,
A ninnau'n awr yng ngwenau Duw,
Gorffwyswn ar ein taith.'*

Diolchwn i ti ein Tad am gyfle'r Sul i ymlacio yn gorfforol ac yn feddyliol, ac am gyfle'r oedfa hon i orffwyso yn ysbrydol arnat Ti. *"Disgwyl yn dawel am yr Arglwydd, aros yn amyneddgar amdano. Yn Nuw yr ymdawela fy enaid, ac oddi wrtho ef y daw fy ngwaredigaeth."*
Yn dy drugaredd, bendithia ni felly âg ysbryd disgwyl, ac ysbryd ymddiried yn nerth dy ras yn Iesu Grist. Amen.

Emyn: 1 (A); 772 (Atodiad)   :   *'Cydganwn foliant rhwydd'*

Llefarydd:
Mae gwaith a gorffwys yn hanfodol i fywyd defnyddiol a llawn. Ar un llaw, mae gwaith yn rhoi urddas a phwrpas i'n bywydau, ac ar y llaw arall, mae hamdden yn rhoi cyfle inni orffwyso ac atgyfnerthu. Mewn gwirionedd, dyma yw un o fendithion y Sul. Ar ôl prysurdeb yr wythnos, 'rydym yn cael cyfle ar y Sul i orffwyso, ac i ymlacio gyda'n teuluoedd a'n cyfeillion. Mae'r fendith hon, yn ôl y Beibl, wedi cael ei rhoi inni gan Dduw, a hynny trwy'r Deg Gorchymyn:

"*Chwe diwrnod yr wyt i weithio, a gwneud dy holl waith, ond y mae'r seithfed dydd yn Saboth yr Arglwydd dy Dduw; Na wna ddim gwaith y dydd hwnnw, ti na'th fab, na'th ferch, na'th was, na'th forwyn, na'th anifail, na'r estron sydd o fewn dy byrth.*"

Yn y gorchymyn hwn, gwelwn ofal Duw ohonom. Yn ei drugaredd, mae'n rhoi cyfle i ddyn ac anifail orffwyso un diwrnod o bob saith, ac atgyfnerthu ar gyfer wythnos brysur arall ar daith bywyd. Felly, mae amser i bob peth. Mae amser i weithio ac i chwysu, ac mae amser i orffwyso ac i hamddena.

Pe byddai awdur llyfr y Pregethwr yn cyfansoddi ei bennod ar amser heddiw, mae'n siwr y byddai'n cynnwys y gair 'hamdden'. Mae'r gair hwn yn berthnasol iawn heddiw, ac fel y bydd oriau gwaith yn lleiháu, cyfnod gwyliau yn ymestyn, ac oedran ymddeol yn cyrraedd yn gynharach, rhagwelwn y bydd hamddenu yn rhan bwysicach fyth o'n bywyd.

Yn ddiddorol iawn, unwaith yn unig y ceir y gair 'hamdden' yn y Beibl, a hynny yn llyfr yr Actau. Ond er bod y gair 'hamdden' yn brin iawn yn y Beibl, mae digon o enghreifftiau yn yr Efengylau o Iesu Grist a'i ddisgyblion yn rhoi amser i orffwyso. Fe gawn hanes amdano, er enghraifft, yn encilio i dawelwch y mynydd i weddïo ar ei Dad Nefol, a thro arall yn troi i mewn i Fethania am ychydig o seibiant yng nghartref Mair a Martha. Gwrandawn yn awr ar nifer o adnodau sy'n sôn am yr Iesu yn gorffwyso.

Darlleniad: Marc 1 : 35.
pennod 6 : 30-32.
Luc 8 : 22 - 23.
Mathew 11 : 28 - 30.

Emyn: 465 (A)   : '*Adnewydda f'ysbryd, Arglwydd*'
791 (Atodiad); 163 (B) : '*O! Grist, Ffysigwr mawr y byd*'

Llefarydd:
Erbyn heddiw, mae llawer o bobl yn cael nid un diwrnod yr wythnos oddi wrth eu gwaith, ond dau neu dri diwrnod i

orffwyso ac i hamddena. Nid yw pawb, fodd bynnag, yn cael y cyfle hwn. Yn wir, mae llawer o bobl heddiw yn ein gwlad yn ddi-waith, ac yn an-abl i fwynhau amser hamdden oherwydd prinder arian. Yn wyneb hyn, mae llawer o undebwyr yn galw ar y llywodraeth i leihau wythnos waith i bymtheg awr ar hugain, fel y bydd mwy o bobl yn cael cyfle i weithio, a mwy yn cael cyfle i fwynhau amser hamdden heb bryder ariannol. Ond nid yw'r rhagolygon yn dda. 'Rydym yn byw mewn cyfnod pryd y perffeithir technoleg yn gyson, ac i'r fath raddau, fel y gellir cynhyrchu nwyddau gyda llawer llai o lafur dynol. Mae hyn, gwaetha'r modd, yn fendith gymysg-yn fendith i'r rhai hynny sy' mewn gwaith, ond yn bryder ac yn ddiflastod i'r di-waith.

Felly, mae gwaith yn rhoi sicrwydd ac ystyr i'n bywydau, ac mae hamdden yn rhoi egwyl i gael ein gwynt atom, a chyfle i ddilyn ein gwahanol ddiddordebau. Dyma gysuron bywyd y dymunwn i bawb eu derbyn a'u mwynhau.

Cyd-weddïwn:

(a) Ein Tad, diolchwn i ti am fendithion bywyd, ac am ein galw i fod yn gyd-weithwyr â thydi dy hun. Diolchwn nad oes rhaid i neb ohonom fod yn segur yn dy Eglwys, oherwydd fe'n gelwaist i dystio i fawredd dy gariad â'n geiriau, i weithredu dy gariad yn ein bywydau, ac i ddangos dy gariad yn ein hymwneud â'n gilydd ac â phawb. Gweddïwn am dy faddeuant am bob diffyg ymroddiad, ac am bopeth a welaist ynom sy'n groes i ysbryd gwasanaeth a chariad. Yn dy drugaredd, dwysa ni âg ysbryd edifeirwch, a dyfnha ein hymdeimlad o ddiolchgarwch am dy fab annwyl Iesu Grist *"na ddaeth i gael ei wasanaethu, ond i wasanaethu, ac i roi ei einioes yn bridwerth dros lawer."*

> *'Diolchaf am dy gariad cu*
> *Yn estyn hyd fy oes;*
> *Diolchaf fwy am Un a fu*
> *Yn gwaedu ar y groes.'*

(b) Gweddïwn dros bawb sy'n ddi-waith yn ein gwlad, ac sy'n brin o arian i gynnal eu hanwyliaid. Gwna ni yn ymwybodol o'u hangen, ac yn ddiolchgar am ein gwaith beunyddiol. Yn dy drugaredd, dyro inni ddoethineb i gysylltu ein gwaith, nid â chyflog a phres, ond â chyfle i gynnal ein teulu, ac i wasnaethu ein cymdeithas.

Gweddïwn dros ein byd lle mae cymaint o'th blant yn dioddef blynyddoedd o segurdod a thlodi a newyn. O Dad, esmwythá ofidiau dy blant drwy brysuro bendithion dy deyrnas, a dymchwel pob dylanwad drwg sy'n anrheithio dyn.

> *'Yn erbyn pob gormeswr cryf*
> *O! cymer blaid y gwan;*
> *Darostwng ben y balch i lawr,*
> *A chod y tlawd i'r lan.'*
> Er mwyn Iesu Grist. Amen.

Emyn: 358(A) : *'O! Dduw, ein Craig a'n Noddfa'*
796(Atodiad) : *'O! Dduw, a'n creaist ar dy lun'*

Llefarydd:
Un o dasgau mawr ein cyfnod fydd hyfforddi pobl i ddefnyddio eu horiau hamdden yn ddoeth ac yn adeiladol. Yn ôl un Geiriadur, mae hamdden yn golygu amser at ein gwasanaeth personol.
Ar yr olwg gyntaf, mae'r diffiniad seciwlar hwn yn swnio'n rhesymol iawn, ac yn tanlinellu fod amser hamdden yn amser rhydd, ac yn eiddo personol i ni ein hunain.
Ond nid felly y mae'r Beibl yn edrych ar amser dyn. Yn hytrach, mae amser dyn yn eiddo Duw. Fe bwysleisir hyn, er enghraifft, yn llyfr y Salmau, sy'n dweud,
"Y mae fy amserau yn dy law di."
Mae'r emynydd hefyd yn dilyn yr un rhediad meddwl, ac yn arall-eirio adnod y Salmydd drwy ganu

> *'Yn dy law y mae f'amserau,*
> *Ti sy'n trefnu 'nyddiau i gyd.'*

Arwyddocâd hyn yw mai Duw piau dyn, ac amser dyn. Am hynny, fe ddylem, fel Cristnogion, ddefnyddio ein holl amser - amser gwaith ac amser hamdden - mewn modd cyfrifol ac adeiladol, a chyda'r ymwybyddiaeth mai rhodd gysegredig Duw yw pob eiliad o'n bywyd ar y ddaear.

Un o eiriau mawr y Testament Newydd yw'r gair Groeg 'kairos', ac y mae'n golygu dau beth, sef 'amser' a 'chyfle'. Wel, onid 'cyfle' yw amser i gyflawni ewyllys Duw, yn ein horiau gwaith, ac yn ein horiau hamdden? Fe danlinellir hyn yn y frawddeg Saesneg,

"*We may be off duty, but we are never out of uniform.*"

Emyn: 860 (A); 743 (M); 758 (B) : '*Yn dy law y mae f'amserau*'

Llefarydd:

Symudwn ymlaen yn awr i danlinellu pwysigrwydd gorffwys a hamdden i'r corff. Dechreuwn gyda neges y Beibl sy'n dweud fod Duw, nad yw'n diffygio nac yn blino, yn "rhoi nerth i'r diffygiol, ac yn ychwanegu cryfder i'r dirym." Mae hyn yn wir hefyd ym myd natur. Yn ei drugaredd, y mae Duw wedi darparu tymor y gaeaf i'r ddaear fwrw ei blinder, ac yn nhymor y gwanwyn a'r haf, fe welwn effaith daionus hynny ar y greadigaeth.

Yr un modd, mae Duw wedi trefnu nos a dydd, fel y rhoddir cyfle i'r greadigaeth, a phopeth byw, gan gynnwys dyn i orffwyso. Yn ychwanegol at hyn, mae Duw wedi rhoi i ni un diwrnod o bob saith yn ddydd i orffwyso oddi wrth ein gwaith beunyddiol.

Mae gorffwyso yn golygu ein bod yn rhoi ein gwaith heibio ac yn ymlacio. Modd bynnag, mae lle i ofni fod nifer heddiw yn methu ymryddhau oddi wrth eu prysurdeb beunyddiol, ac y maent yn rhuthro o un fan i'r llall heb funud i'w sbario. Nid yw'n rhyfedd fod cymaint yn dioddef blinder corfforol a nerfol yn barhaus.

Mae'na stori am ddyn busnes llwyddiannus yn cael ei daro yn wael, a galwyd am y meddyg ar unwaith. Ar ôl ei archwilio'n ofalus, gorchmynnodd y meddyg i'r claf orffwyso am bythefnos, ac yna, meddai wrtho,

"Rydych wedi gor-weithio ac wedi gor-fwyta. O hyn allan, fe fydd angen dau feddyg arnoch, sef Dr Quiet, a Dr Diet!"

Tra'n cydnabod pwysigrwydd gorffwys i'r corff, mae'n rhaid gochel rhag gwneud eilun o'r corff. Yn wir, onid hyn yw pechod poblogaidd ein hoes? Neges y Beibl yw fod y corff yn deml i'r Ysbryd Glân, ac arwyddocâd hynny i'r Cristion yw mai nid eilun i'w addoli yw'r corff, ond rhodd Duw i'w ddefnyddio ar allor gwasanaeth a chariad. Os ydym am wneud hynny, yna, mae'n rhaid i'n corff wrth orffwys a hamdden.

Llefarydd:
Pwysigrwydd gorffwys i'r meddwl. I'r Cristion, nid yw gorffwys yn golygu diogi, na chwaith beidio â gweithio yn feddyliol. Mae hyn yn ein hatgoffa am fyfyriwr diwinyddol nad oedd yn hoffi gweithio, a phan ofynnwyd iddo egluro ei fethiant trychinebus yn ei arholiadau, tynnodd ei Feibl allan, a darllen yr adnod hon o lyfr y Pregethwr,

"Cymer rybudd, nid oes ddiben ar wneuthur llyfrau lawer, a darllen sydd flinder i'r cnawd".

Wel, dyma enghraifft o ddefnyddio'r Beibl i ddibenion hunanol! I'r Cristion, nid gweithred negyddol yw gorffwyso yn feddyliol, ond gweithred sy'n rhoi cyfle iddo newid trywydd ei feddwl. Clywsom lawer gwaith y datganiad fod newid cystal â gorffwys - *"A change is as good as a rest."* Os felly, onid dyma yw un o fendithion y Sul? Ar ôl prysurdeb yr wythnos, cawn gyfle i newid meddwl er gwell, ac i godi ein golygon, fel y dywed yr emynydd,

> *'o afael y pethau mân*
> *I blith y pethau mawr.'*

Tuedd llawer ohonom yn ystod yr wythnos yw bwydo ein meddyliau â bwyd gwael a di-faeth, - a beth arall ddisgwylir wrth ddarllen papurau seciwlar? Nid ydynt yn fwyd sy'n digoni nac yn dyrchafu meddwl dyn. Yn wyneb hyn, mae'n dda cael cyfle ar y Sul i gau meddwl oddi wrth sŵn aflafar y byd, fel y cawn wrando ar wirionedau tragwyddol Gair Duw, a gorffwys ar addewidion ei gariad yn Iesu Grist

Emyn: 23 (A); 346 (M); *'Hwn yr y sanctaidd ddydd'*

Llefarydd:
Pwysigrwydd gorffwys i'r enaid. Mewn gwasanaeth o addoliad, fe ddylem fod yn ymwybodol ein bod yn fwy na chorff a meddwl. Mae dyn yn enaid, ac yn Nuw yn unig y mae ein gorffwysfa tragwyddol.
Yn un o'i gerddi, mae'r bardd Gwilym R Jones yn darlunio dyn yn chwilio'n ofer am ddewyddwch i'w enaid. Er bod gan ddyn heddiw, gyda'i holl gyfleusterau, amser i ymlacio ac i orffwyso, mae mor flinedig a diflas ag erioed. A dyma yw cwestiwn y bardd,

> *'I ble yr ei di, fab y ffoedigaeth,*
> *A'th gar salŵn yn hymian ar y rhiw,*
> *A lludded yn dy lygaid?'*

Onid yw'r gair 'lludded' yn awgrymu'r blinder hwnnw na allwn gael gwared ohono ohonom ein hunain, sef blinder ein henaid pechadurus. 'Rydym oll yn gwybod am y blinder hwn sy'n pylu'r llygad, yn darnio'r nerfau, yn gwanychu'r ysbryd, yn lladd gobaith, ac yn difa'r enaid.
Mae'r afiechyd hwn yn farwol, ond newyddion da yr Efengyl yw fod yr Arglwydd Iesu Grist yn abl i'n hachub, a'n gwella yn llwyr:

> *'Os ydwyf wael fy llun a'm lliw,*
> *Os nad yw 'mriw'n gwellhau,*
> *Af at y Meddyg mawr ei fri*
> *Sy'n gadarn i iachau.'*

Diolchwn felly am feddyginiaeth cariad Duw yn Iesu Grist, ac am ei alwad drugarog arnom i orffwyso ein heneidiau yn addolgar arno ef. Dywed wrthym yn ei Efengyl,

"Dewch ataf fi, bawb sy'n flinedig ac yn llwythog, ac fe roddaf fi orffwysfa i chwi. Cymerwch fy iau arnoch a dysgwch gennyf, oherwydd addfwyn ydwyf a gostyngedig o galon, ac fe gewch orffwystra i'ch eneidiau. Y mae fy iau i yn hawdd ei dwyn, a'm baich i yn ysgafn.".

Yn ystod ein gwyliau eleni, boed inni gadw hyn mewn cof, a threulio ein hamser hamdden er bendith yn gorfforol, yn feddyliol, ac yn ysbrydol, ac uwchlaw pob dim, er clod i Dduw yn Iesu Grist. Amen.

Emyn: 409 (A); 591 (M); 606 (B)   :   *'O! am nerth i dreulio 'nyddiau'*

Y Fendith:

'Dan dy fendith, wrth ymadael,
Y dymunem, Arglwydd, fod;
Llanw'n calon ni â'th gariad,
A'n geneuau ni â'th glod:
    Dy dangnefedd
Dyro inni yn barhaus.'   Amen.

"BYWHA DY WAITH, O! ARGLWYDD MAWR."

Gweddi agoriadol:
Ein Tad nefol, deuwn ger dy fron i'th addoli yn enw dy fab Iesu Grist a than arweiniad yr Ysbryd Glân. Yn dy drugaredd, bendithia ni â'r ymwybyddiaeth o'th bresenoldeb sanctaidd, ac â dyhead enaid i ddyrchafu dy enw. Cynorthwya bawb ohonom sy'n cymryd rhan, a rho sêl dy fendith ar neges dy Air. Er mwyn dy enw mawr. Amen.

Emyn: 218 (A); 400 (M); 166 (B) : *'Bywha dy waith, O! Arglwydd mawr.'*

Llefarydd:
Thema'r gwasanaeth heddiw yw 'Bywha dy waith, O! Arglwydd mawr.' Llinell gyntaf emyn cyfarwydd John Roberts Lerpwl yw hi, ac fe'i cymerodd o lyfr y proffwyd Habacuc. Mae hyn yn dangos fod yr emynydd yn gyfarwydd â'i Feibl, ac yn gweld tebygrwydd rhwng ei gyfnod ef yng Nghymru a chyfnod Habacuc yn Israel.
Fel Cymru, 'roedd Israel yn mynd trwy gyfnod o ddirywiad moesol ac ysbrydol, ond 'roedd rhai Iddewon o hyd heb blygu glin i eilunod, ac un ohonynt oedd y proffwyd Habacuc. Ychydig iawn o wybodaeth sydd gennym amdano, ond gwyddom mai gŵr o Jwdea ydoedd, yn byw yn Jerwsalem, yn cyd-oesi â Jeremia, ac yn proffwydo tua'r seithfed ganrif cyn Crist. Byr yw cynnwys llyfr Habacuc- tair pennod cymharol fer, ond ynddo fe ganfyddwn graffder ysbrydol y proffwyd, a'i argyhoeddiad dwfn yn Nuw ei Iachawdwr. Gwrandawn yn awr ar ddetholiad o adnodau o'i lyfr.

Darlleniad: Habacuc 2:18-20; 3:1-2,17-19.

Llefarydd:
Fel y dywedwyd, cymerodd yr emynydd linell gynta'r

emyn,'Bywha dy waith, O! Arglwydd mawr' allan o lyfr Habacuc, ac mae'n dechrau'r pedwar pennill â'r deisyfiad hwn. Mae'n well gennym feddwl am yr agoriad hwn fel deisyfiad dwys yn hytrach na gorchymyn awdurdodol. Nid yw'n weddus nac yn iawn i ni feidrolion orchymyn yr unig wir Dduw, ond mae'n naturiol i ni fel Cristnogion fynegi ein dymuniadau ger ei fron. Gwna'r emynydd hynny yn yr emyn hwn, a thrwy ei eiriau, estynnir cyfle i ni fynegi i Dduw ein dymuniad am adnewyddiad ysbrydol yn ein byd, yn ein gwlad, yn ein heglwys, ac yn ein bywyd personol.

Llefarydd:
Mae nifer o bobl wedi dadlau fod trefn y deisyfiadau yn yr emyn hwn yn anghywir, ac y dylid dechrau, nid â'r deisyfiad am adfywiad ysbrydol yn fyd-eang, ond gyda deisyfiad am adfywiad personol. Mae i'r ddadl hon ei phwynt a'i neges, ond o gofio mai ysgrifennydd cyntaf cymdeithas genhadol yr Eglwys Bresbyteraidd oedd John Roberts, mae'n hawdd deall pam y dechreuodd ei emyn â'r deisyfiad am adfywiad yn fyd-eang. Sefydlwyd cymdeithas genhadol y Presbyteriaid yn Lerpwl yn 1840, ac mae'n rhwydd dychmygu'r emynydd a'i gyfeillion yn gweddïo am arweiniad i anfon cenhadon dros y môr, ac i ennill y byd i Grist. Efallai eu bod eisoes wedi penderfynu mabwysiadu bryniau Casia, yr India, fel eu maes cyntaf, a bod hynny wedi sbarduno John Roberts yn ei emyn i roi'r flaenoriaeth i'r deisyfiad i gyhoeddi'r Efengyl dros holl derfynau'r ddaear. Gwrandawn yn awr ar adnodau sy'n pwysleisio ehangder cariad Duw yn Iesu Grist.

Darlleniad: Efengyl Ioan 3: 16-17
Rhufeiniaid 1: 16-17
Galatiaid 3: 26-29.

Emyn: 59(A): *'Fy enaid, cred, yn unig cred'*

Llefarydd:
Gadewch inni yn awr aros gyda'r bennill gyntaf,

> '*Bywha dy waith, O! Arglwydd mawr,*
> *Dros holl derfynau'r ddaear lawr,*
> *Trwy roi tywalltiad nerthol iawn*
> *O'r Ysbryd Glân, a'i ddwyfol ddawn.*'

Yn y pennill hwn, mae'r emynydd yn rhagdybio fod yr holl fyd angen Duw, a bod rhaid croesi holl derfynau'r ddaear faith i genhadu'r Efengyl.

Cynigiwyd nifer fawr o ddiffiniadau o genhadu Cristnogol, ac un ohonynt yw, "*cenhadu yw croesi terfynau yn ysbryd cariad Iesu Grist.*" Wel, onid croesi terfynau o'r byd bach cyfyng Iddewig i'r byd mawr eang wnaeth Cristnogion yr Eglwys Fore? Gŵr a wnaeth hynny oedd yr Apostol Paul. Teithiodd o un wlad i'r llall, gan groesi terfynau'r cenhedloedd a chyhoeddi Efengyl yr Arglwydd Iesu Grist.

Un o'n diffygion mawr ni yw gwrthod croesi terfynau cyfarwydd bywyd, a chadw'r Efengyl yn guddiedig dan glo yn ein heglwysi ac oddi mewn i'n cyfundrefnau enwadol. Mae hyn yn fai mawr arnom gan fod yr Efengyl i bawb o bobl ein byd. Mae hynny yn golygu croesi terfynau teulu, enwadaeth, a hefyd terfynau iaith a chenedl. Y nod yw ennill y byd i Grist.

Llefarydd:
Nid yw hyn yn waith rhwydd, ac mae hanes yn dangos fod croesi terfynau yn ysbryd cariad wedi costio'n ddrud i Gristnogion erioed. Fe gostiodd angau'r Groes i Iesu Grist. Onid oes cost hefyd ymhlyg yn ein cenhadaeth ni heddiw wrth inni gynnig yr Efengyl i'n cyd-ddynion? Mae ennill y byd i Grist yn dasg aruthrol fawr, ac ni ellir cyflawni hyn heb ymyrraeth nerthol Duw.

Mewn gwirionedd, nid ein cenhadaeth ni yw'r genhadaeth Gristnogol, ond cenhadaeth Duw. "*Bywha dy waith*",medd yr Efengyl. Cyflawni gwaith Duw rydym wrth genhadu, a chredwn fod Duw wrth ei waith yn cenhadu heddiw trwy ei Eglwys ar y ddaear. Fe ddylai hyn ein calonogi yn fawr iawn, a'n sbarduno i genhadu llawer mwy. Duw yw'r cenhadwr mawr, a thrwy nerth yr Ysbryd Glân, fe allwn ninnau hefyd fod yn gyfryngau bendithiol yng ngwaith y nef. Gwaith yr Eglwys, medd Mathew yn ei Efengyl, yw *"gwneud disgyblion o'r holl genhedloedd."* Gwyddai'r emynydd hynny, ac yn y pennill cyntaf, wedi sôn am fawredd y gwaith cenhadol, mae'n deisyf yn daer ar Dduw,

*"....i roi tywalltiad nerthol iawn
O'r Ysbryd Glân, a'i ddwyfol ddawn."*

Mae'n anodd iawn i ni heddiw yng Nghymru amgyffred yr hyn yw tywalltiad nerthol o'r Ysbryd Glân. Yn wahanol i lawer o'n perthnasau gynt a brofodd Ddiwygiad 1904, plant y gwlith ydym ni, ac nid plant y cawodydd mawrion. Er hynny, credwn fod Duw'r Ysbryd Glân wrth ei waith o hyd, ac mai'n cyfrifoldeb fel Cristnogion ac Eglwysi yw sianelu grym yr Ysbryd a neges yr Efengyl i bedwar ban y byd.

Cyd-weddïwn:

O! Arglwydd ein Duw, Duw a Thad yr holl genhedloedd, a Thad pob un ohonom, diolchwn i ti am fawredd dy gariad yn Iesu Grist. Mae dy gariad Di yn ddigon mawr i gofleidio'r holl fyd, ac yn ddigon manwl i adnabod ac i garu pob un ohonom. O! Arglwydd ein Duw a'n Tad, mor fawr wyt ti, ac mor fendigedig yw dy gariad.

Diolchwn i ti ein Tad am ein Gwaredwr Iesu Grist, ac am newyddion da yr Efengyl fod pwy bynnag sy'n credu yn ei Enw Ef yn etifeddu bywyd tragwyddol. Yn ein gweddïau, erfyniwn arnat ein cadw rhag cyfyngu neges dy gariad i ni ein hunain, ac anghofio'r byd a'i loes. Gweddïwn am dy faddeuant am bob culni meddwl a chaethiwed ysbryd a welaist ynom. O Dad, trugarha wrthym, a dyro inni ehangder ysbryd yr emynydd,

> 'Ehanga 'mryd, a gwared fi
> Rhag culni o bob rhyw;
> Rho imi weld pob mab i Ti
> Yn frawd i mi, O! Dduw.'

Diolchwn i ti ein Tad am blannu'r weledigaeth o ehangder dy gariad ym meddyliau ac yng nghalonnau dy bobl, ac am i ti anfon dy weision o ddiogelwch ein gwlad i wledydd dieithr ein byd i gyhoeddi,
"*nid oes iachawdwriaeth yn neb arall, oblegid nid oes enw arall dan y nef wedi ei roi i ddynion, y mae i ni gael ein hachub trwyddo*"
O Dad, yn enw'r Hwn a groesodd ffiniau bywyd i'n ceisio ni trwy angau'r groes, gweddïwn am ras i ddilyn ôl ei droed, ac am nerth i dorri trwodd i ganol angen ein cymdeithas a'n byd.
Ac i ti ein Duw, Tad yr holl ddynoliaeth, ac i'th fab Iesu Grist, unig wir Waredwr ein byd, ac i'r Ysbryd Glân, y Bywiawdwr mawr, y byddo'r clod a'r gogoniant, yn awr ac yn oes oesoedd. Amen.

Emyn: 587 (A); 724 (M); 688 (B)   :   *'Efengyl tangnefedd, O! rhed dros y byd'*

Llefarydd:

> *'Bywha dy waith o fewn ein tir,*
> *Arddeliad mawr fo ar y gwir;*
> *Mewn nerth y bo'r Efengyl lawn,*
> *Er iachawdwriaeth llawer iawn.'*

Yn yr ail bennill, mae cylch deisyfiad yr emynydd yn cael ei gyfyngu i Gymru ein gwlad. Nid yw'r deisyfiad hwn yn anghydnaws ag ysbryd yr Efengyl o gwbl, gan mai cymdeithas o genhedloedd yw pobl ein byd. Mae Gwenallt yn mynegi hyn yn ei gerdd 'Dewi Sant':

'A soniodd ef wrthym am Drefn naturiol Duw,
Y person, y teulu, y genedl, a'r gymdeithas o
genhedloedd,
A'r Groes yn ein cadw rhag troi un ohonynt yn dduw.
Dywedodd mai Duw a luniodd ein cenedl ni
I'w bwrpas Ef ei Hun,
Ac y byddai ei thranc yn nam ar y Drefn honno.'

Yng Nghymru heddiw, mae tranc ein cenedl yn realiti sy'n dychryn pob Cristion o Gymro, a chredwn mai Duw yn unig a all ein gwaredu o'r cyflwr marwol hwn. Am hynny, mae'r emynydd yn deisyf am ddeffroad ysbrydol yn ein gwlad, ac am arddeliad mawr ar y gwir. Yn ymarferol, mae hyn yn golygu ymroddiad i gyfieithu gwirionedd yr Efengyl yn fendith cariad ymhlith pobl, ac i dystio yn llawen i ardderchogrwydd person yr Arglwydd Iesu Grist.

Llefarydd:
Mae'r ail bennill hefyd yn datgan dymuniad yr emynydd i'r Efengyl gyrraedd cymaint o bobl ag sy'n bosibl. Dywed hyn yn arbennig yn ail ran y pennill,

'Mewn nerth y bo'r Efengyl lawn,
Er iachawdwriaeth llawer iawn.'

Mae'r cwpled hwn yn datgelu dymuniad brwdfrydig John Roberts i ledaenu'r Efengyl yng Nghymru, a hefyd ei gred fod gwahoddiad yr Efengyl i'w hestyn i bawb. Trwy hynny, fe roddir cyfle i bawb i ymateb, *"fel na choller pwy bynnag a gredo ynddo Ef, ond caffael ohono fywyd tragwyddol"*.

Emyn: 89 (C.Y.I); 868 (Atodiad); 174 (M.Y.I.)   :   *'Dros Gymru'n gwlad, O! Dad, dyrchafwn gri'*

Llefarydd:
> *'Bywha dy waith o fewn dy dŷ,*
> *A gwna dy weision oll yn hy:*
> *Gwisg hwynt â nerth yr Ysbryd Glân,*
> *A'th air o'u mewn fo megis tân.'*

Yn y trydydd pennill, mae'r emynydd yn deisyf am adfywiad yng ngweithgarwch yr Eglwys, ac yn arbennig yn ei thystiolaeth i neges yr Efengyl. Yn ôl llyfr yr Actau, 'roedd neges yr Efengyl yn llosgi gymaint yng nghalonnau aelodau'r Eglwys Fore fel na allent beidio â chyhoeddi'r newyddion da. Yn wir, dyma oedd byrdwn eu bywyd a'u pregeth, ac yn ôl Luc,"*gras mawr oedd arnynt ôll*".
Ychydig wythnosau ynghynt, pobl ofnus a llwfr iawn oedd yr apostolion, ond yn awr, dan ddylanwad nerthol yr Ysbryd Glân, bendithwyd hwy â hyder newydd, ac â grym oddi uchod i bregethu Crist i dyrfa fawr yn Jerwsalem.
Mae Duw wedi bendithio'r Eglwys â gweinidogion y Gair i lawr ar hyd yr oesoedd, ac 'rydym yn parhâu i gyfranogi o'r fendith hon yn helaeth fel cenedl. Ond fel y rhagdybia'r emynydd yn y trydydd pennill, mae angen nerth yr Ysbryd Glân ar weinidogion i bregethu'r Efengyl, ac i argyhoeddi pobl o'u cyflwr a'u hangen.

Llefarydd:
Maen anodd iawn i'w ddymchwel yw anghrediniaeth a siniciaeth ein hoes, a dim ond Gair Duw yn cael ei bregethu megis tân ysol a all doddi calonnau pobl i edifeirwch am eu pechodau, ac i grediniaeth gwirioneddol yn Iesu Grist.
Pan ddyfeiswyd y meicroffon, fe ddywedodd G.K.Chesterton,

"One man can now speak to the whole world, and he has nothing to say."

Nid yw hyn yn wir am weinidogion y Gair. Mae gennym Efengyl yr Arglwydd Iesu Grist i'w chyhoeddi, ac mae'n newyddion da i bwy bynnag sy'n credu. Efallai fod dydd y bregeth draddodiadol wedi dod i ben, ond yn sicr, nid rhywbeth y gall yr Eglwys ffordio ei hepgor yw pregethu'r Gair. Fe ordeiniodd yr Arglwydd Iesu Grist ei ddisgyblion nid yn unig *"er mwyn iddynt fod gydag ef"* ond hefyd *"er mwyn eu hanfon hwy i bregethu...."*

Prif waith pob pregethwr yw cyhoeddi'r newyddion da. Mae'r gair 'newyddion' yn golygu fod rhywbeth wedi digwydd. ond sut y gellir dod i wybod beth a ddigwyddodd heb fod rhywun yn ei gyhoeddi. Wel, onid gwaith y pregethwr yw cyhoeddi y digwyddiad mwyaf rhyfeddol a fu erioed-fod Duw wedi dangos ei gariad achubol tuag atom ym mherson ei fab Iesu Grist, ac iddo gyflawni hynny ar Groes Calfaria?! Dyma yw prif angen Cymru heddiw- pregethu y newyddion syfrdanol hwn am Iesu Grist, a phregethu dan fendith yr Ysbryd Glân.

Cyd-weddïwn:
(a)   Diolchwn i ti ein Tad am dy Eglwys, yr hon a adeiledaist ar sail yr apostolion a'r proffwydi, ac Iesu Grist ei hun yn ben conglfaen. Diolchwn am y fraint fawr o fod yn aelodau o'th Eglwys, ac i gyfranogi o'i breintiau. O Dad, arwain ni i wybod fod i'r fraint hon ei chyfrifoldebau, ac i ti ein galw i waith, *"canys cyd-weithwyr Duw ydym."*
Yn dy drugaredd, cymhwysa ni felly i waith dy Eglwys, a nertha ni o ddydd i ddydd i gyflawni dy ewyllys sanctaidd. Gweddïwn dros dy Eglwys heddiw yn ein gwlad. Fel yn y dyddiau gynt, planna neges dy Air yn ddwfn yng nghalonnau dy weision, a bendithia hwy â hyder cariad i bregethu Crist gydag arddeliad mawr.
Erfyniwn arnat hefyd i greu syched yn aelodau dy Eglwys am weinidogaeth y Gair, ac am wir adnabyddiaeth o'r Arglwydd Iesu Grist.
(b)   Gweddïwn dros dy Eglwys heddiw yn y tŷ hwn. Diolchwn am dy ymwneud grasol â ni i lawr ar hyd y cenhedlaethau, ac am weinidogaeth yr Ysbryd Glân arnom.

Cyffeswn inni ddiystyru gofal yr Ysbryd ohonom lawer gwaith, gan ymddiried yn ein galluoedd pitw ein hunain. Yn ein cywilydd, aethom yn llugoer ein hysbryd, yn llwfr ein tystiolaeth, ac yn wan ein ffydd.
O! Dduw yr Ysbryd Glân,
bywha ni drwy gynhesu ein hysbryd i garu Iesu Grist, ac i garu ein gilydd;
bywha ni drwy rymuso ein tystoliaeth fel y daw eraill i brofiad o'th ras,
a bywha ni drwy gryfhau ein ffydd fel y byddom yn gywirach Cristnogion, ac yn barotach ein hysbryd i wasanaethu yr Hwn a'n prynodd ar y Groes.
Clyw ein gweddïau, a gwêl yn dda i'n hateb yn ôl dy drugaredd a'th ddoethineb. Gofynnwn hyn yn enw ein Gwaredwr a'n Harglwydd Iesu Grist. Amen.

Emyn: 231(A) : *'Ymwel â ni O! Dduw'*
812(Atodiad) : *'O! disgynned yma'n awr'*
569(B) : *'Ysbryd byw y deffroadau'*

Llefarydd:
Deuwn yn awr at y pennill olaf,

> *'Bywha dy waith, O! Arglwydd mawr,*
> *Yn ein calonnau ninnau'n awr,*
> *Er difa pob rhyw bechod cas*
> *A chynnydd i bob nefol ras.'*

Fel y dywedwyd ar ddechrau ein myfyrdod, ni allwn ddisgwyl gweld adfywiad ysbrydol yn ein byd, yn ein gwlad, na chwaith yn ein Heglwys heb yn gyntaf gael adfywiad personol ym mywydau Cristnogion. Mewn geiriau eraill, mae Duw yn ymwneud â ni fel unigolion, ac mae angen adfywiad personol ar bob un ohonom, a hynny, fel y dywed yr emynydd yn awr,

> *'Bywha dy waith, O! Arglwydd mawr,*
> *Yn ein calonnau ninnau'n awr.'*

Mae'r gwirionedd hwn yn pwysleisio ei bod yn fater o frys i gredu'r Efengyl. Nid ymhen blynyddoedd maith y dylem geisio adfywiad personol, ond heddiw tra bo anadl o'n mewn, a thra bo cyfle yn cael ei estyn inni.

> *'Ofer oedi hyd yfory,*
> *Nid oes wybod pwy a'i gwêl.*
> *Hwn yw'r dydd i ddod at Iesu,*
> *Mae yn derbyn pawb a ddêl.'*

Llefarydd:
Ar ôl derbyn cariad maddeugar Duw yn Iesu Grist, mae disgwyl i'r Cristion, fel y dywed yr emynydd, gefnu ar bechod cas, a chynyddu i bob nefol ras.
Brwydr yw bywyd, ac fe ddylai'r Cristion fod yn fwy ymwybodol o hynny na neb. I ddechrau, fel y rhagdybia'r emynydd, mae'n frwydr yn erbyn pechod, a phechod, nid ymhell yr ochr draw i'r byd, ond yng nghalon pob un ohonom. Cri cyffredin dyn yw,*"Nid arna'i mae'r bai."* Ond er ein bod yn feistri ar guddio bai, a thaflu bai ar rhywun arall, ni allwn wadu grym y ffaith mai pechaduriaid ydym. Er gwaethaf hyn, ni ddylem anobeithio, oherwydd mae grym cariad Iesu Grist yn abl i ddifa pob rhyw bechod cas sydd yn ein poeni.
Modd bynnag, nid difa pechod o'n mewn yw prif amcan yr Efengyl ond ein hachub i fywyd o lawnder ysbrydol, a chynnydd, fel y dywed yr emynydd, *"i bob nefol ras."*
Un o nodweddion bywyd iach yw tyfiant. Gwelwn hyn ym myd natur, ac yn nhyfiant corfforol ein plant. Nid yw'r nodwedd hon mor amlwg, gwaetha'r modd, yn ein bywyd ysbrydol, ac mae hyn yn cael ei adlewyrchu yn ein diffyg ymroddiad i wasanaethu yn ein heglwysi, a'n diffyg awydd i genhadu'r Efengyl.
Ond nid ydym heb obaith. Mae Duw yn aflonyddu'r sawl sy'n ymateb i'w gariad, ac yn ei fendithio â nerth i oroesi holl anawsterau'r daith, ac i gynyddu mewn doethineb a gras yn Iesu Grist.

Am hynny, gweddïwn gyda'r emynydd ar i Dduw ein gwneud yn Gristnogion gloyw ein ffydd, ac effeithiol ein tystiolaeth yn ein heglwysi, ac yn ein bywyd o ddydd i ddydd. Er mwyn ei enw. Amen.

Emyn: 421 (A) : *'O! am fywyd o sancteiddio'*
678 (M); 467 (B): *'Rwy'n dy garu er nas gwelais'*

Y Fendith:
'Bywha dy waith, O! Arglwydd mawr,
Yn ein calonnau ninnau'n awr.
Bywha dy waith, o fewn dy dŷ,
A gwna dy weision oll yn hy.
Bywha dy waith o fewn ein tir,
Arddeliad mawr fo ar y gwir.
Bywha dy waith, O! Arglwydd mawr
Dros holl derfynau'r ddaear lawr.'
   Er mwyn ein Harglwydd Iesu Grist. Amen.

ADDOLI DUW.

Gweddi agoriadol:
O Arglwydd Dduw, yn ein haddoliad heddiw, bywha ein cydwybod â'th sancteiddrwydd, portha ein meddwl â'th wirionedd, pura ein dychymyg â'th harddwch, agor ein calon i'th gariad, a phlyga ein hewyllys i'th bwrpas dwyfol, yn Iesu Grist. Amen.

Emyn: 146 (A); 20 (M) : *'Addolwn Dduw ein Harglwydd mawr'*
            2 (B)   : *'O! cenwch fawl i Dduw'*

Llefarydd:
Thema'r gwasanaeth hwn yw addoli Duw a Thad ein Harglwydd Iesu Grist, a'r fendith a gawn wrth wneud hynny. Mae gan y diweddar Archesgob William Temple frawddeg yn egluro beth yw addoli, a'r hyn a wnawn heddiw yw defnyddio'r frawddeg hon fel canllaw i'n myfyrdod. Y frawddeg yw,
"Ystyr addoli yw dwysbigo'r gydwybod â sancteiddrwydd Duw, porthi'r meddwl ar wirionedd Duw, puro'r dychymyg gan brydferthwch Duw, agor y galon i gariad Duw, a phlygu'r ewyllys i bwrpas Duw."
Yn ôl y frawddeg gyfoethog hon, mae addoli Duw yn weithred werthfawr iawn, ac yn esgor ar lawer o fendithion ysbrydol, ond carwn feddwl ein bod yn addoli Duw, nid er mwyn cael y bendithion hyn yn unig, ond er mwyn rhoi yr hyn sy'n deilwng i Dduw. Yng ngeiriau'r emyn a ganwyd,

> *'Mae ganddo i'n gwasanaeth hawl,*
> *A gweddus inni ganu mawl;*
> *Down ger ei fron â llafar gân,*
> *Rhown iddo glod o galon lân.'*

Ond fel yr awgrymwyd, mae addoli Duw yn fendith fawr. Dywedwyd lawer gwaith mai nid mynd i gapel y dylem i gael, ond i roi, ac wrth roi, y cawn fwy na'n haeddiant. Mae addoli Duw mewn ysbryd a gwirioned yn dwyn bendith ar ei ganfed, ac onid oedd hyn yn meddwl William Temple hefyd wrth restru bendithion addoliad?

Yn ein myfyrdod, fe gynigiwn sylwadau byrion ar y cymalau yn y frawddeg hon, gan wneud hynny yng ngoleuni darlleniadau o'r Beibl.

Llefarydd:
Ystyriwn i ddechrau y cymal cyntaf:

"Ystyr addoli yw dwysbigo'r gydwybod â sancteiddrwydd Duw."

Yr enghraifft orau o Dduw yn sancteiddio cydwybod dyn yw hanes Eseia yn addoli yn y deml. Gŵr ifanc ydoedd ar y pryd, yn galaru'n ddwys am y brenin Useia, ac yn ei ofid, aeth i'r deml i addoli Duw. Mae'n debyg y bu'n addoli laweroedd o weithiau o'r blaen, ond y tro hwn, trôdd y weithred o addoli yn brofiad ysgytwol, bythgofiadwy i Eseia. Yn ei dystiolaeth, dywed iddo weld yr Arglwydd dyrchafedig

"yn eistedd ar orsedd uchel, ddyrchafedig, a godre'i wisg yn llenwi'r deml."

Yng ngoleuni tanbaid sancteiddrwydd Duw mae Eseia yn gweld ei fywyd personol, ac yn y fan ar lle, fe'i dwysbigwyd gan ei gyflwr pechadurus i'r fath raddau, fel na welai waredigaeth o'i aflendid. Ond er ei anobaith, fe gafodd iachâd, a mwy na hynny, fel y clywn yn awr yn y darlleniad.

Darlleniad: Eseia 6: 1-8.

Emyn: 427 (A)   :   *'Arglwydd sanctaidd dyrchafedig'*
40 (M); 577 (B)   :   *'Glân geriwbiaid a seraffiaid'*

Cyd-weddio Gweddi'r Arglwydd.

Llefarydd:
Dywed William Temple ein bod wrth addoli yn porthi ein meddyliau â gwirionedd Duw. Fel Cristnogion, 'rydym wedi rhoi pwysigrwydd mawr erioed ar wybod cynnwys yr Efengyl, gyda'r canlyniad fod pregethu o'r Beibl yn rhan allweddol iawn o'n haddoliad. Credwn fod hyn yn wir heddiw fel ag erioed. Cyn y gall neb gredu'r Efengyl, mae'n rhaid iddo glywed ei chynnwys. Yn ei lythyr i Gristnogion Eglwys Rhufain, mae Paul yn trafod cenhadu'r Efengyl, a phwysleisia swyddogaeth pregethu'r Efengyl drwy ofyn,

"Sut y maent i gredu yn rhywun nad ydynt wedi ei glywed? Sut y maent i glywed, heb fod rhywun yn pregethu?"

Gwaith y pregethwr yw cyflwyno'r Efengyl yn ddealladwy ac yn effeithiol, a chyfrifoldeb y gynnulleidfa yw bod yn effro ei gwrandawiad, ac yn gynnes ei hymateb. Trwy hynny, fe borthir ein meddyliau gan wirionedd Duw.

Yn llyfr yr Actau, mae hanes am ddyn du o Ethiopia yn teithio adref o Jewrwsalem. Bu yn y ddinas sanctaidd yn addoli Duw, a phrynodd gopi o gân Eseia am y gwas dioddefus. Yn ystod ei daith adref, dechreuodd ei ddarllen, ond ni ddeallai dim ohono, hyd nes daeth cenhadwr o Gristion heibio. Tybed a ydych yn cofio enw'r cenhadwr? Dyma'r hanes yn llawn.

Darlleniad: Actau 8: 26-39.

Cyd-weddïwn:
Diolchwn i ti, ein Tad am fendithion addoliad- y fendith o gael cyfle i ymwybod â sancteiddrwydd dy berson, ac â gwirionedd dy Air. Gweddïwn am gymorth yr Ysbryd Glân i ddarllen ac i ddeall dy Air yn well, ac am ostyngeiddrwydd doethineb i ymateb i'w neges.

'Llefara, fy Nuw,
Fy enaid a glyw:
Dy eiriau yn unig
A'm dysgant i fyw.'

Yn dy drugaredd, nertha dy weision eto heddiw yn eu gwaith yn cyhoeddi'r Efengyl, a thrwyddynt, O Arglwydd, arwain dy bobl, a ninnau i adnabyddiaeth wir o'th fab annwyl Iesu Grist. Amen.

Emyn: 46 (C.Y.I) : *'O! Dad pob rhodd ddaionus'*
773 (Atodiad) : *'Yn wylaidd plygu wnawn'*
373 (B) : *'Arglwydd, rho im glywed'*

Llefarydd:
Yn drydydd, wrth addoli, glanheir ein dychymyg gan brydferthwch Duw. Yn y Beibl, ceir nifer o ddarluniau o brydferthwch Duw.'Rydym eisoes wedi gweld un darlun yn nisgrifiad y proffwyd Eseia o brydferthwch sancteiddrwydd Duw yn y deml. Ceir nifer o gyfeiriadau at brydferthwch Duw gan y Salmydd hefyd, lle mae'n mynegi ei ddyhead i weld ac i fwynhau prydferthwch yr Arglwydd yn y deml, er enghraifft:
"Un peth a ofynnais gan yr Arglwydd, dyma'r wyf yn ei geisio: cael byw yn nhŷ'r Arglwydd holl ddyddiau fy mywyd, i edrych ar hawddgarwch yr Arglwydd, ac i ymofyn yn ei deml."
"Mor brydferth yw dy breswylfod, O Arglwydd y Lluoedd."
Ceir adnodau yn y Testament Newydd hefyd yn tystio i brydferthwch Duw, a'i effaith fendithiol ar ei bobl. Pan ferthyrwyd Steffan y tu allan i furiau dinas Jerwsalem, fe welodd y bobl, medd llyfr yr Actau, brydferthwch Duw yn ei wyneb,
"A syllodd pawb oedd yn eistedd yn y Sanhedrin arno, a gwelsant ei wyneb ef fel wyneb angel."
Y mae enghreifftiau eraill hefyd o ddilynwyr Iesu Grist yn adlewyrchu prydferthwch Duw. Tybed a ydych yn cofio gweithred ryfedd Mair yn tywallt ennaint drudfawr ar ben yr Iesu? Nid oedd y weithred hon yn boddhau Jwdas Iscariot, ond

ymatebodd Iesu gan ddweud,

"Gweithred brydferth a wnaeth hi i mi."

Mae'na rywbeth yn ychwanegol mewn gweithred brydferth, ac onid sglein cariad ydyw, fel y tystia Paul yn ei bennod fawr ar gariad yn ei lythyr at Gristnogion Corinth?
Mae llawer heddiw yn rhoi pwysigrwydd mawr ar wyneb prydferth a chorff lluniaidd. Mae hyn yn dderbyniol cyn belled â'n bod yn cofio mai trwch croen yw prydferthwch dynol! Dywed y Salmydd wrthym fod dyn yn debyg i flodau'r maes yn tyfu ac yn blodeuo, ac yna, yn gwywo ac yn darfod. Ond yn ôl y Beibl hefyd, y mae prydferthwch i'w gael sy'n goroesi prydferthwch dynol, ac sy'n adlewyrchu pryferthwch cariad, a hwnnw, yn ddim llai na chariad Duw ei hun.

Llefarydd:
Yn un o ddramâu William Shakespeare, fe geir y frawddeg,

"He hath a daily beauty in his life that makes me ugly."

Onid hyn yw ein profiad wrth fyfyrio ar brydferthwch person yr Arglwydd Iesu Grist? Y mae prydferthwch ei fywyd pur, a sancteiddrwydd ei gariad o'r crud i'r groes yn peri inni deimlo yn amherffaith iawn. Ond er hynny, y rhyfeddod, fel y dywed Hiraethog yn ei emyn, yw fod Duw wedi'n caru ni,"... wrthrychau anhawddgara' erioed a fu," a'i fod yn defnyddio pobl annheilwng fel ni heddiw i adlewyrchu prydferthwch ei gariad yn y byd. Yn ei hemyn, y mae Ann Griffiths yn cyffelybu person Iesu Grist i rosyn Saron,

> *'Rhosyn Saron yw ei Enw*
> *Gwyn a gwridog teg o bryd.'*

Mae rhosyn yn gadael ei bersawr ar y sawl sydd hyd yn oed yn ei ddifetha. Onid hynny a wnaeth Iesu Grist ar ben Calfaria wrth iddo gael ei ddryllio ar y groes, ac oni wna hynny o hyd trwy y rhai sy' wedi cysegru eu hunain yng ngwasanaeth ei gariad?

Cyd-weddïwn:
Bendigwn dy enw am brydferthwch dy gariad ym mherson dy fab Iesu Grist, a chyda Ann Griffiths y dywedwn amdano,

> *'Rhosyn Saron yw ei Enw,*
> *Gwyn a gwridog teg o bryd;*
> *Ar ddeng mil y mae'n rhagori*
> *O wrthrychau penna'r byd:*
> *Ffrind pechadur,*
> *Dyma'r Llywydd ar y môr.'*

Gweddïwn am dy faddeuant am bopeth ynom sy'n rhwystr i eraill i weld dy gariad. Dwysbiga'n cydwybod am bob diffyg a bai, gwachâ ein meddyliau o bopeth amhur ac annheilwng, a phrydfertha ein bywyd i gyd â sglein dy gariad. Dy gariad di yn Iesu Grist yw'n hunig obaith, a gobaith ein byd. O Dad, derbyn ni fel ag yr ydym, a defnyddia ni er dy glod, ac er mwyn Iesu Grist. Amen.

Emyn: 293 (A); 195 (M); 490 (B) : *'Wele'n sefyll rhwng y myrtwydd'*

Llefarydd:
Yn bedwerydd, wrth addoli, agorir ein calon i gariad Duw. 'Rydym eisoes wedi pwysleisio'r wedd ddeallusol i addoliad, a bod Duw trwy neges y Beibl yn diwallu ein meddyliau. Ond, y mae dyn yn fwy na meddwl, ac nid diwallu ein meddyliau yn unig a wna Duw wrth inni ei addoli. Dywed y Beibl wrthym mai enaid yw dyn. Mae'r gair 'enaid' yn air cynhwysfawr, ac yn ein hatgoffa fod gennym, nid yn unig gyneddfau corfforol, ond hefyd gyneddfau ysbrydol. Mae cofio hyn yn gymorth inni ddeall brawddeg William Temple sy'n dweud fod addoli yn agor ein calon i gariad Duw. Wrth gwrs, mae gennym galon o gnawd i

bwmpio'r gwaed trwy'r corff, ond mae gennym hefyd galon i deimlo ac i garu. Wel, onid dyma'r galon sydd ar waith mewn addoliad, ac onid braint mwyaf ein bywyd yw agor ein calon i gariad Duw ei hun? Cofiwn mai nid rhywbeth sentimental a meddal yw cariad Duw yn Iesu Grist, ond grym dwyfol sy'n gallu concro'r drwg ynom, a'n nerthu i garu ein gilydd, a gwasanaethu mewn ysbryd cariad. Gwrandawn yn awr ar dystiolaeth Ioan yn ei lythyr i gariad Duw yn Iesu Grist, a'i anogaeth daer arnom i garu ein gilydd.

Darlleniad: Llythyr cyntaf Ioan 4: 7-12. a 19-21.

Cyd-weddïwn:
Diolchwn i ti, ein Tad, am bawb a orchfygwyd gan degwch dy gariad, ac sy'n byw i ddangos Iesu a gwasanaethu'u hoes. Gweddïwn dros y rhai sy'n brin o freintiau cariad-yn amddifad o gariad anwyliaid a chyfeillgarwch ffrindiau, ac eraill sy'n gwybod dim am dy gariad anfeidrol yn Iesu Grist. O Dad, gwêl yn dda i ysbryd dy fab gyffwrdd pob calon friwedig, a diddanu pawb sy'n wael eu hiechyd ac yn isel eu hysbryd. Dyma'n dymuniad a'n gweddi. Amen

Llefarydd:
Yn olaf, wrth addoli, plygir ein hewyllys i bwrpas Duw.
Fel y dywedwyd, mae'r gair 'enaid' yn cynnwys y dyn cyfan-y corff a'r meddwl, y galon a'r ysbryd, a hefyd yr ewyllys.
Gŵr a gafodd drafferth mawr â'i ewyllys oedd yr Apostol Paul. Yn wir, fe gafodd drafferth i blygu i ewyllys Duw, nid yn unig cyn ei droedigeth, ond ar ôl iddo ddod yn Gristion. Cyn ei droedigaeth, fe wrthryfelodd drwy erlid Cristnogion yn ddi-drugaredd, ond ar y ffordd i Ddamascus, bu rhaid i Paul ildio i'r Arglwydd Iesu Grist, ac ufuddhau i'r alwad i fod yn Apostol i'r cenhedloedd. Ni olygodd hyn, fodd bynnag, fod y frwydr fewnol ar ben yn hanes Paul. Ar ôl ei droedigaeth, mynegodd ei ofid fel hyn yn ei lythyr i Gristnogion Rhufain,

"Ni allaf ddeall fy ngweithredoedd, oherwydd yr wyf yn gwneud nid y peth 'rwy'n ewyllysio, ond y peth yr wyf yn ei gasáu.'

Gwelwn yn y cyfaddefiad hwn ddynoliaeth a gonestrwydd mawr yr Apostol. Onid hyn yw ein profiad ni hefyd fel Cristnogion? Mae'n gallu ni i gyflawni ewyllys Duw yn wan iawn, a dweud y lleiaf, ac yng ngeiriau yr emynydd y cyffeswn,

> 'Rhy wan yw braich o gnawd,
> Rhy dlawd yw gorau dyn.'

Yn wyneb hyn, y mae cymundeb cyson â Duw mewn addoliad yn holl bwysig. Trwy addoli, fe'n bendithir â nerth i blygu i ewyllys cariad Duw yn Iesu Grist, ac yn y diwedd, i orchfygu holl anawsterau'r daith. Ie,

> 'Caf floeddio concwest yn y man,
> Pob gelyn draw a ffy;
> Cans er nad ydwyf fi ond gwan,
> Mae'r afael sicraf fry!'   Amen

Emyn: 82 (A)   :   'Mi af ymlaen o nerth i nerth'
           113 (M)   :   'Mi af ymlaen yn nerth y nef'

Y Fendith:

Daeth diwedd i'n haddoliad yn yr oedfa hon, ond dechrau ein gwasanaeth i ti, ein Tad. Diolchwn iti am fendithion difesur dy gariad yn Iesu Grist, ac yn awr, arwain ni o'th dŷ i estyn dy fendithion i eraill, fel y gall eraill, trwom ni, adnabod cariad Duw. Ac iddo ef y byddo'r clod a'r gogoniant. Amen.

DIOLCHGARWCH.

Gweddi agoriadol:
*'O Dad, yn deulu dedwydd, y deuwn
Â diolch o'r newydd.
Cans o'th law y daw bob dydd,
Ein lluniaeth a'n llawenydd.'*

Yn ein haddoliad heddiw, helpa ni i gyfrif ein bendithion, ac i roi ein diolch i ti. Llanw ein calonnau ag ysbryd diolchgarwch, ac ysbryd addoli mewn prydferthwch sanctaidd, er mwyn Iesu Grist. Amen.

Emyn: 41 (C.Y.I.)   :   *'Dewch ffyddloniaid, llafar genwch'*
        927 (Atodiad)   :   *'Deuwn ger dy fron yn awr'*
        143 (M.Y.I.)   :   *'Dewch ynghyd a molwn Dduw'*

Mrs Sarrug: *(Daw i mewn i'r capel o'r tu cefn ar ôl i'r gynulleidfa eistedd. Mae ei gwisg yn flêr, ac mae'n edrych yn sarrug. Mae'n cerdded tua'r sedd flaen, gan aros a siarad efo'r gynulleidfa ar y ffordd.)*

"Mrs Sarrug ydw i, ac mae'r oedfa'ma wedi dechrau eto cyn i mi gyrraedd! Ar y gŵr'cw mae'r bai. 'Roedd o'n mynnu i mi roi brecwast iddo, a finnau eisiau mynd i'r capel. Gwŷr yn wir! Mae nacw yn cwyno bob munud am y peth lleia'. Mae ganddo gur yn ei ben, neu boen stumog, neu mae ei draed yn oer, neu rywbeth o hyd!
Ac yna'r meddygon'ma. Wel, 'does'na ddim posib cael gafael arnyn'nhw byth. Mae'nhw'n cael eu talu'n dda, a chi a finnau sy'n gorfod talu i'w cadw 'nhw!
A beth am y pregethwyr'ma? Un diwrnod yr wythnos mae'nhw'n gweithio, ac fe gafodd ein gweinidog ni eleni ddau wyliau ar y cyfandir!
Oes gennych chi gymdogion da? Wel, mae'r wraig drws

nesaf'cw yn mynd ar fy nerfau. Yn ddiweddar, am ryw reswm, 'dyw hi ddim yn edrych arna'i-hen drwyn o ddynes ydi hi- meddwl ei bod hi'n well na phawb arall. Ond dyna fo, hen wraig dlawd ydw i- heb gael cyfle i ddod ymlaen yn y byd. Mae rhai yn lwcus.
O! mae'n well imi eistedd i lawr. O drapia, mae rhywun wedi cymryd fy sêt i. Mae'n well ichi symud, a gobeithio fydd y pregethwr'ma ddim yn hir. Mae eisie gras on'd oes!"

Mrs Siriol: *(Daw i mewn i'r capel o'r dde ar ôl i Mrs Sarrug eistedd. Mae'n cerdded ymlaen i'w sedd yn ysgafn-droed ac yn siriol. Mae hithau hefyd yn aros bob hyn a hyn i siarad efo'r gynulleidfa.)*

"Mrs Siriol ydw i, a bore da ichi i gyd. Mae'n braf heddiw, a diolch am hynny. Mae cael diwrnod sych yn codi calon rhywun. Mae'n dda gweld tipyn yma. Sut ydych chi i gyd? 'Rwyf wedi cael annwyd wythnos d'wetha'ma, ond beth yw annwyd i gymharu ag afiechydon rhai pobl? Mae'r wraig drws nesa' druan yn dioddef ers misoedd, ac mae'n gwneud hynny yn ddistaw ac yn ddewr. Ac mae ei gŵr yn ffeind iawn wrthi. Mae ngŵr 'innau'n ffeind hefyd. Dydio ddim yn berffaith, cofiwch, o bell ffordd, ond mae gen i feddwl y byd ohono, ac mae'n garedig iawn wrth yr hen blant'cw. Mae'n methu dod i'r oedfa y bore'ma, oherwydd ei waith yn yr ysbyty. Mi f'aswn i yn hoffi cael ei gwmni y bore'ma, ond dyna fo, mi wela'i o heno, ac fe gawn swper neis hefo'n gilydd.
O! mae'n well imi eistedd rŵan. 'Rwy'n falch o'ch gweld i gyd. Fe gaf sgwrs hefo chi ar y diwedd."

Llefarydd:
Wel, tybed faint ohonom sy'n debyg i Mrs Sarrug, a faint ohonom sy'n debyg i Mrs Siriol? Yn fwy na thebyg, mae'na dipyn o'r ddwy wraig ym mhob un ohonom! 'Rwy'n siwr y dymunai pawb ohonom fod fel Mrs Siriol bob amser. Mae cwyno o hyd, a chondemnio pawb a phopeth, a bod yn ddiflas ein hysbryd yn ymddygiad hyll a dweud y lleiaf, ac fel Cristnogion, fe ddylem edifarhau am

ymddygiad o'r fath.

Heddiw, yn ein hoedfa ddiolchgarwch, cawn gyfle i daflu ymaith pob ysbryd anniolchgar a diflas, ac i sylweddoli mor dda yw hi arnom mewn gwirionedd.

Mae gan Dduw ei ffordd arbennig ei hun o ennyn ynom ysbryd diolchgarwch. ac fe wna hynny wrth inni ei addoli. Rhydd addoli gyfle i'r Ysbryd Glân gynhesu ein calonnau a goleuo ein deall i wirioneddau mawr bywyd, a pheri inni gydnabod ein dyledion i Dduw.

Cyfrwng effeithiol i greu ynom ysbryd diolchgarwch yw'r Beibl, a thrwy ei ddarllen yn ystyriol, a gwrando ei neges, fe'n llenwir â dyhead cywir i ddiolch i Dduw am holl fendithion bywyd. Gadewch inni felly wrando ar Air Duw yn llyfr y Salmau.

Darlleniad: Salm 90

Cyd-weddïo Gweddi'r Arglwydd.

Emyn: 920 (C); 965 (Atodiad) ; 785 (B)   : *'Am wlad mor dawel ac mor dlws.'*

Llefarydd:
'Ein Tad, moliannwn di.' Dyma yw byrdwn yr emyn a ganwyd gennym yn awr-moliannu Duw am holl fendithion bywyd. Ond, onid yw'n hawdd iawn i ni heddiw fod yn llawen ac yn ddiolchgar ein hysbryd? Mae hi mor dda arnom. Mae gennym deulu a chyfeillion, a chartrefi clyd i fyw ynddynt. Yn wir, mae gennym gymaint o bethau i'n helpu i fyw bywyd llawn fel na allwn eu cyfrif, megis ysgolion a cholegau a llyfrgelloedd, ysbytai i'r cleifion a chartrefi i'r amddifaid. Yn ogystal â hyn, mae gennym yn ein bro nifer o gymdeithasau i'r ifanc, canol oed, a rhai hèn, ac yn yr eglwys hon, 'rydym yn derbyn yn helaeth o gwmni ein gilydd, ac o fendithion ysbrydol yr Efengyl. Ie, dyledwyr ydym, ac mae rhoddion dyddiol bywyd, megis bwyd a diod ac iechyd yn ei gwneud yn hawdd inni ddiolch i Dduw.
"Dewch i mewn i'w byrth â diolch, ac i'w gynteddau â mawl."

Fel y dywedwyd, mae'n hawdd iawn i ni, yn ein digonedd, ufuddhau i orchymyn y Salmydd, i ganu ein diolchgarwch i Dduw, ond nid yw hynny mor hawdd i'r miliynau yn ein byd heddiw sy'n dioddef tlodi a newyn enbyd. Yn ein dyled i Dduw, mae'n briodol inni gofio hefyd ein dyled i'n brodyr a'n chwiorydd sy'n brin o'r bendithion a gymerwn ni mor ganiatäol.

Llefarydd:
Yn gyntaf, prinder dŵr glân. Er fod tri chwarter arwynebedd y ddaear dan ddŵr, mae nifer o wledydd yn Affrica a'r Dwyrain canol mor sych fel nad oes digon o ddŵr ar gyfer dyn nac anifail. Yn ôl adroddiad Brandt, mae prinder dŵr glân yn un o brif achosion afiechydon, ac amcangyfrir fod 25 miliwn o bobl y flwyddyn yn marw o glefydau â gysylltir â phrinder dŵr, neu ddŵr wedi ei wenwyno gan ffatrïoedd diwydiannol, a llygredd o fathau eraill. Mae angen dŵr ar bopeth byw yn y byd, ac mae naw rhan o ddeg o gorff dyn yn ddŵr. Dŵr yw un o anghenion sylfaenol bywyd, ac hebddo, ein tynged fyddai trengi yn fuan.
Yng Nghymru, fe'n bendithir gan amla' â digon o ddŵr ar gyfer anghenion diwydiannol a chymdeithas. Felly, y tro nesaf y bydd yn glawio, peidiwn â rhuthro i gwyno amdano.
Yn Israel, ychydig o law a geir, ac mae effaith hynny yn amlwg iawn ar y tir. Mae diffyg dŵr a gormod o haul poeth yn achosi diffeithwch a phrinder tyfiant. I'r Iddewon, mae cyflenwad da o ddŵr yn fendith fawr, ac fe fynegir hynny yn y Salm a ddarllenir yn awr.

Darlleniad: Salm 65, adnodau 9-13.

Llefarydd:
Yn ail, prinder bwyd iach. Mae gallu dyn i dyfu bwyd heddiw yn fwy ac yn well nag erioed, ond gwaetha'r modd, mae gallu dyn i ddinistrio bywyd a'r byd yn fwy hefyd nag erioed. Bomiau neu fara? Dyma'r dewis sy' gennym fel cenhedloedd. Ar hyn o bryd, mae llywodraethau cyfoethog ein byd yn gwario

mwy ar arfau i ddinistrio nac ar fwyd i gynnal cenhedloedd y trydydd byd.
Yn y ganrif ddiwetha', llwyddwyd, i fesur helaeth, i ddileu caethwasiaeth, ond mae'n amheus iawn a lwyddwn ni cyn diwedd y ganrif hon i ddileu y fasnach arfau. Mae prinder bwyd yn broblem ddychrynllyd yn ein byd, a thra byddwn fel cenhedloedd yn gwrthod troi ein cleddyfau yn sychau, a'n gwaywffyn yn bladuriau, fe erys newyn a dioddefaint yn ein byd.
Yn y Beibl, fe bwysleisir cyfrifoldeb dyn tuag at ei gyd-ddyn, ac yn arbennig tuag at y rhai sy'n dioddef newyn a thlodi yn ein byd. Ni ddylem, fel Cristnogion, ar dir cydwybod, ac yn sicr, yn wyneb cymhelliad cariad Duw, osgoi ein cyfrifoldeb i wneud ein rhan. Gwrandawn yn awr ar ddarlleniad o'r Beibl.

Darlleniad: Llythyr Iago 1: 9-11
Llythyr Iago 5: 1-6

Cyd-weddïwn:
(a) Ein Tad trugarog, gweddïwn ar i'th Air a glywsom yn awr ein hanesmwytho am ein diffyg awydd i rannu rhoddion dy greadigaeth i'n brodyr a'n chwiorydd sy'n brin o fwyd a diod. 'Rydym yn euog o gadw mwy na'r hyn sydd ei angen arnom, ac o gau ein clustiau a'n calonnau yn rhy aml i gymhelliad dy gariad.
O Dad, trugarha wrthym trwy ein dwysáu ag ysbryd edifeirwch, a'n nerthu i wneud i eraill fel y dymunem i eraill wneud i ni, i fwydo'r newynog drwy roi ein harian i Gymorth Cristnogol,
    i wisgo'r carpiog drwy roi dillad i Oxfam,
    i gartrefu'r amddifad drwy gefnogi Shelter,
    i gysuro'r cleifion drwy ymweld â hwy, ac
    i gynnig gobaith i'r di-obaith drwy estyn iddynt dy gariad anfeidrol yn Iesu Grist.
(b) Gweddïwn dros ein gwlad a'n byd. Cyffeswn ein harafwch pechadurus i gofleidio ffordd heddwch. Yn ystod y ganrif hon, gwelsom wenwyn a chasineb rhwng cenhedloedd yn achosi

dioddefaint a marwolaethau miliynau o'th blant. Er hynny, mae llywodraethau ein byd yn dal i fudr-elwa ar y fasnach arfau, ac yn edrych am elyn i'w daro. O Arglwydd, argyhoedda arweinwyr ein byd o oferedd ffordd casineb a rhyfel, a boed iddynt geisio cymod dy gariad yn Iesu Grist,

> *'Fel na byddo mwyach na dial na phoen,*
> *Na chariad at ryfel, ond rhyfel yr Oen.'* Amen.

Emyn: 774 (A); 755 (B) : *'Arglwydd ein bywyd, Duw ein hiachawdwriaeth'*
833 (Atodiad) : *'O! Dywysog ein tangnefedd'*

Llefarydd:
Yn drydydd, prinder addysg yn y byd. Yn ôl adroddiad y Cenhedloedd Unedig, mae hanner plant y trydydd byd yn cael eu hamddifadu o addysg elfennol, ac mae pedwar o bob deg o boblogaeth ein byd yn methu darllen. Mae'n anodd i ni amgyffred cyflwr o'r fath, ond fe allwn fod yn sicr o un peth. Y mae prinder addysg dda yn cyfyngu ar allu pobl i fyw bywyd llawnach.
Rhai blynyddoedd yn ôl, cynhaliwyd pwyllgor dan nawdd y Cenhedloedd Unedig i drefnu ymgyrch arbennig i ddysgu pobl anllythrennog ein byd i ddarllen, ond yn fuan yn y drafodaeth, fe ofynnwyd y cwestiwn pwysig, beth fyddai cynnwys eu darllen. Wel, onid gwaith yr Eglwys yw porthi meddwl y miloedd drwy ddarparu digon o lyfrau Cristnogol, ac uwchlaw pob dim, sicrhau fod Beibl i bawb o bobl y byd? Yn ein darlleniadau olaf o'r Beibl heddiw, awn i lyfr y Diarhebion a llythyr cyntaf Pedr.

Darlleniad: Llyfr y Diarhebion 4: 1-9.
Llythyr cyntaf Pedr 2: 21-25.

Emyn: 614 (A); 394 (M) : *'Arnom gweina Dwyfol Un'*
839 (Atodiad) : *'Dyma gariad, pwy a'i traetha?'*

Llefarydd:
Yn yr emyn a ganwyd gennym, fe welwn fod Duw yn amlygu ei gariad tuag atom, nid yn unig yn ei ofal ohonom trwy ei greadigaeth, ond yn ei ymwneud achubol â ni yn ei fab Iesu Grist. Am hynny, wrth ddiolch i Dduw am fendithion ei greadigaeth, fe ddiolchwn fwy am fendithion yr Efengyl-am neges y Beibl a chymdeithas yr Eglwys, ac uwchlaw pob dim, am Iesu Grist yn Waredwr ein bywyd.

'Rydym wedi sôn heddiw am brinder bwyd iach a dŵr glân, a phrinder cyfle gan lawer yn ein byd i gael addysg dda. Ni allwn fodloni ar y sefyllfa, a thrwy nifer o fudiadau dyngarol, fe estynnir cyfle inni wneud ein rhan i ddileu anghenion tymhorol ein cyd-ddynion. Ond, mae'r Efengyl yn cynnig mwy na hynny hefyd. Fe ddaeth Iesu Grist i'n byd i ddiwallu anghenion dyfnaf ein heneidiau, a heddiw, fe ddiolchwn, nid yn unig am fara a dŵr y greadigaeth i gynnal ein cyrff, ond am fara'r bywyd a ddaeth i lawr o'r nefoedd i'n digoni, ac am y dŵr bywiol i ddi-sychedu ein heneidiau. Yn Efengyl Ioan, fe ddywed Iesu wrthym,

"Myfi yw bara'r bywyd. Ni bydd eisiau bwyd byth ar y sawl sy'n dod ataf fi, ac ni bydd syched byth ar y sawl sy'n credu ynof fi."

Gadewch inni gofio hyn yn wastad, a chydnabod yn ddiolchgar unwaith eto eleni,

> 'Gwell na holl drysorau'r llawr
> Yw dy gariad, Iesu mawr;.
> 'D oes dim arall yn y byd
> A ddiwalla f'enaid drud;
> Dyma'r trysor mwya'i fri,
> Dyma leinw 'fenaid i.'   Amen.

Emyn: 568 (A); 742 (M); 335 (B)   :   'Anfeidrol Dduw Rhagluniaeth'

Mrs Sarrug:
Wel, dyna chi oedfa dda. 'Rwy'n teimlo'n well rŵan, a 'rwy'n falch 'mod i wedi dod. A chyda llaw, 'dyw'r gŵr acw ddim mor ddrwg â hynny. Er ei fod yn cwyno gormod. mi ges i gusan fawr ganddo y bore 'ma'. Y gwir yw, mae'n dda iawn arnom ni,- a diolch hefyd am iechyd a chyfle i ddod i'r capel. Mae Duw wedi rhoi imi ganwaith mwy na'r hyn 'rwy'n ei haeddu, a diolch iddo am bopeth.

Mrs Siriol:
Wel, mae oedfa fel hon yn fraint ac yn fendith, ac fel Mrs Sarrug, 'rwyf innau hefyd yn teimlo'n well. 'Rydym yn derbyn cymaint o law fendithiol Duw bob dydd, ac yn yr oedfa hon, fe gawsom gyfle hefyd i sylweddoli cymaint mwy mae Duw wedi ei roi. Fe roddodd inni, nid yn unig roddion y greadigaeth, ond ei fab Iesu Grist yn ffrind ac yn Geidwad.

> 'Diolchaf am dy gariad cu
> Yn estyn hyd fy oes;
> Diolchaf fwy am Un a fu
> Yn gwaedu ar y groes.'   Amen.

Emyn: 841 (A); 45 (M); 756 (B) : 'Diolch i Ti, yr Hollalluog Dduw.'

Y Fendith:
> 'Boed fy mywyd oll yn ddiolch
> Dim ond diolch yw fy lle.'

Derbyn ein diolch, O Dad daionus, a derbyn ein clod am dy gariad mawr yn Iesu Grist. Yn nerth dy ras, anfon ni allan o'r oedfa hon i wasanaethu yn ysbryd dy gariad, ac i fyw er gogoniant i'th enw, yn awr, a hyd byth. Amen.

DAFYDD.

Gweddi agoriadol:

> '*Bendithia Di'n dyfodfa oll*
> *I'th dŷ, O! Dduw yn awr;*
> *Dwg ni o afael pethau mân*
> *I blith dy bethau mawr.*'

Yn dy drugaredd, clyw ein cri ar ddechrau'r gwasanaeth hwn, ac arwain ni â'th Ysbryd Glân i'th addoli, er mwyn Iesu Grist. Amen.

Emyn: 642 (A); 26 (M); 226 (B) : '*Cyduned nef a llawr*'

Llefarydd:
Un o nodweddion y Beibl yw ei fod yn portreadu pobl, nid fel y dylent fod, ond fel ag yr oeddynt, ac yn llyfr Samuel 'rydym yn cael portread o Dafydd fel ag yr oedd-yn ei wendidau a'i ragoriaethau fel ei gilydd.

Mae'n amlwg fod Dafydd yn eilun ei genedl, ac iddo ennill serch a chalon ei bobl yn fwy nag unrhyw frenin arall. Ond er ei rinweddau fel brenin Israel, 'roedd gan Dafydd, fel pob dyn arall, ei wendidau mawr. Yn wir, nid yw'r Beibl yn cuddio'r ffaith hon oddi wrthym, fel y gwelwn, er enghraifft, yn hanes Dafydd yn godinebu â Bathsheba, gwraig un o'i filwyr ffyddlonaf. Ceisiodd Dafydd guddio ei bechod rhag Ureia drwy ei anfon i'r rhyfel, a'i osod mewn man a beryglai ei fywyd. Diwedda'r hanes gyda Dafydd yn euog o gael Bathsheba yn feichiog, ac Ureia yn marw ym maes y frwydr. Ond er i Dafydd syrthio i odineb a phechodau cyffredin eraill ei oes, mae'n bwysig cofio iddo edifarhau am ei bechod, a chyflawni llawer o ddaioni yn ystod ei deyrnasiad yn Israel. Yn ein darlleniad cyntaf o'r Beibl, cawn Dafydd yn salm 51 yn cyffesu ei bechod ac yn erfyn yn daer am galon lân.

Darlleniad: Salm 51.

Cyd-weddïo Gweddi'r Arglwydd.

Emyn: 80 (A); 106 (M); 73 (B)   :   *'Ni fethodd gweddi daer erioed'*

Llefarydd:
Er ei wendidau amlwg, 'roedd gan Dafydd ei rinweddau. Un ohonynt, fel y gwelsom yn barod, oedd ei barodrwydd i syrthio ar ei fai, a chyffesu ei bechod mewn edifeirwch gerbron Duw. Yn ogystal â hyn, 'roedd iddo wedd garedig a thyner i'w gymeriad, ac mae nifer o enghreifftiau o hynny. Yr enghraifft orau yw hanes ei berthynas â Jonathan, mab Saul. Gadewch inni wrando ar yr hanes fel y'i ceir ym Meibl y plant.

Darlleniad: Y Beibl i Blant. *'Ffrindiau am oes'* tudalen 143

Llefarydd:
Fel y gwelwn, 'roedd Dafydd a Jonathan yn gyfeillion mynwesol i'w gilydd. Fe geisiodd Saul, yn ei genfigen, ladd Dafydd fwy nag unwaith, ac fe allasai hyn fod wedi difetha perthynas y ddau, ond drwy'r helynt i gyd, fe barhäodd Dafydd yn gyfaill cywir i fab y brenin. Gwaethygodd gwallgofrwydd Saul, a bu raid i Dafydd ddianc am ei einioes rhag llid y brenin. ond er hynny, ni oerodd cyfeillgarwch Dafydd tuag at Jonathan o gwbl.
Amlygodd Dafydd hefyd ei ddawn fel cerddor a bardd. Cawn ei waith yn llyfr y Salmau, ac y mae ei ddarlun o Dduw fel bugail yn y drydedd salm ar hugain wedi swyno saint yr oesoedd. Swynodd lawer hefyd â'i ddawn ar y delyn, a neb llai na'r brenin ei hun. Gwrandawn yn awr ar hanes Dafydd yn canu'r delyn i Saul, ac fel y rhoddodd hynny esmwythâd i'w ysbryd cythryblus.

Darlleniad: Llyfr cyntaf Samuel 16: 14-23

Emyn: 654 (A)   :   *'Mi godaf f'egwan lef'*
              34 (M); 411 (B)   :   *"Does gyffelyb iddo Ef'*

Cyd-weddïwn:
(a) Diolchwn i ti, ein Tad am emynau cyfoethog ein cenedl sy'n costrelu profiadau dy bobl i lawr ar hyd y cenedlaethau, ac sy'n fynegiant o'n ffydd ninnau heddiw ynot ti.
Diolchwn fod gyda ni destun i'n cân, a bod dy fab Iesu Grist yn Geidwad bendigedig:

> "D oes destun gwiw i'm cân
> Ond cariad f'Arglwydd glân,
> A'i farwol glwy':
> Griddfannau Calfari
> Ac angau Iesu cu
> Yw 'nghân a'm bywyd i-
> Hosanna mwy!'

Gweddïwn dros bawb sy'n ei chael yn anodd i ganu oherwydd amgylchiadau trist a phrofedigaethau colli anwyliaid. Pâr i rin dy gariad leddfu eu hiraeth, a'u nerthu i godi eu golygon atat ti, ac i ymddiried y bydd pob peth yn cyd-weithio er daioni i'r rhai sy'n caru Duw.

(b) Diolchwn am dy ddaioni tuag atom-am iechyd i fwynhau bywyd, a nerth i gyflawni ein gwaith, a chyfle i ddilyn ein gwahanol ddiddordebau. Dysg ni i gyfrif ein dyddiau, inni gael calon ddoeth, a'th geisio hyd nes dy gael.Dywed dy Air wrthym,
"Ceisiwch yr Arglwydd tra gellir ei gael, gelwch arno tra bydd yn agos."
O Arglwydd, dyfnha ein dyhead i'th geisio, a gwiredda dy addewid fawr yn Iesu Grist,
"Oherwydd lle mae dau neu dri wedi dod ynghyd yn fy enw i, yr wyf yn eu canol."
Bendithia ni felly â'r ymwybyddiaeth o'th bresenoldeb sanctaidd, a thywys ni weddill yr oedfa hon i wirioneddau dy Air, ac i hedd dy gariad yn Iesu Grist. Amen

Cyhoeddiadau a'r casgliad.

Emyn: 130 (A); 475 (M); 138 (B) : *'O! pryn y gwir, fy enaid,*
pryn'

Llefarydd:
Yn y Beibl, cyflwynir Dafydd yn gyntaf fel llanc ifanc yn bugeilio defaid ei dad, Jesse, ym Methlehem. Gofalai am y defaid, a'u hamddiffyn yn gyson rhag yr anifeiliaid gwylltion, ac fe allai hynny fod yn waith peryglus. Pan wnaed Dafydd yn frenin Israel, fe ofalodd yr un mor gydwybodol am ei bobl, a'u hamddiffyn yn llwyddiannus rhag y gelynion. Teyrnasodd Dafydd ar Israel am ddeugain mlynedd, a daethpwyd i'w adnabodd, nid fel bugail dinod, ond fel bugail ei genedl.

Yn yr Hen Destament, mae Dafydd yn cael ei gofio, yn fwy na brenhinoedd eraill y genedl, fel bugail Israel, ac yn ôl safonau ei gyfnod, fe wnaeth ei waith yn rhagorol. Ond yn y Testament Newydd, mae Dafydd y bugail yn cilio i'r cysgod, i roi lle i Iesu y bugail da, a roddodd ei einioes dros y defaid.

Hyd heddiw, mae bugeilio defaid yn Israel yn fywyd caled. Un o gyfrifoldebau y bugail yw chwilio'n ddyddiol am borfa newydd i'w braidd, a chael dŵr ffres iddynt i'w yfed. Weithiau, mae'r bugail yn peryglu ei fywyd i achub un o'i ddefaid o afael anifeiliaid gwylltion, a thro arall, mae'n mentro ei fywyd i achub dafad a fentrodd yn rhy bell dros y clogwyn.

Yn y Testament Newydd, cawn hanes Iesu Grist yn gwneud gwaith cyffelyb drwy fwydo pobl ag ymborth ysbrydol, a'u hachub o'u cyflwr truenus. Gwaith hunan-aberthol oedd hyn i'r Arglwydd Iesu, ac yn unol â natur ei gariad, fe roddodd ei einoes dros y defaid ar groes Calfaria. Gwrandawn yn awr ar adnodau o Efengyl Ioan sy'n sôn am Iesu Grist fel y bugail da.

Darlleniad: Efengyl Ioan 10:11-16

Emyn: 750 (A) : *'B'le erioed caed bugail tirion'*
145 (M); 222 (B) : *'Iachawdwr dynol ryw'*

Llefarydd:
Yn yr Hen Destament, fe gyflwynir Dafydd hefyd fel buddugwr, ac ar unwaith, daw ei hanes yn cael buddugoliaeth fawr ar Goliath i'n cof. Yn y cyfnod hwn, 'roedd Israel mewn rhyfel parhaus â'r Philistiaid, ac 'roedd Saul a'i fyddin wedi eu gorchfygu nifer o weithiau. Ond er hynny, 'roeddynt yn dal i boeni Israel, a'r tro hyn, 'roedd y Philistiaid mewn sefyllfa gref iawn, gan fod ganddynt gawr o ddyn i ymladd drostynt: *"a phan welodd yr Israeliaid y dyn,"* medd y Beibl, *"ffoesant i gyd oddi wrtho mewn ofn."* Dyma weddill yr hanes.

Darlleniad: Y Beibl i Blant. *Lladd Goliath.* tudalen 141.

Llefarydd:
Fel y clywsom, cyflwynir Dafydd yn yr hanes hwn yn fuddugoliaethus, ac yn ddi-anaf, a Goliath yn fethiant ac yn gorff marw ar y ddaear. Do, fe goncrodd Dafydd ei elyn, ond beth am goncwerwr y Testament Newydd?
Y mae rhai nodweddion tebyg i'r ddwy fuddugoliaeth. Fel Dafydd, fe aeth Iesu i frwydr dros ei bobl, ac 'roedd hon hefyd yn frwydr hyd at dywallt gwaed, ond 'roedd un gwahaniaeth mawr. Tywallt gwaed ei elyn wnaeth Dafydd, ond tywallt ei waed ei hun wnaeth Iesu Grist. Ar ben Calfaria, nid lladd ei elynion wnaeth ein Gwaredwr, ond lladd y gelyniaeth sy'n gwneud pobl yn elynion, a chreu cymod rhwng Duw a dyn. Nid oes neb yn debyg i'r Apostol Paul am egluro meddyginiaeth y Cymod, a gwna hyn yn arbennig yn ei lythyr at Gristnogion Effesus, lle mae'n ysgrifennu,

"Oherwydd ef yw ein heddwch ni. Gwnaeth y ddau, yr Iddewon a'r Cenhedloedd, yn un, wedi chwalu trwy ei gnawd ei hun y gelyniaeth oedd yn eu gwahanu........ac i wneud heddwch, creodd o'r ddau un ddynoliaeth newydd ynddo ef ei hun, er mwyn cymodi'r ddau â Duw, mewn un corff, trwy'r groes; trwyddi hi fe laddodd yr elyniaeth."

A ydym yn cymryd y neges hon o ddifri' calon, ac yn credu fod Iesu Grist yn abl i ddileu pob casineb yn ein calonnau, a'n nerthu i drafod pob dyn mewn ysbryd cymod? Ac onid ein gofid mawr yw fod llywodraethau yn fwy parod o hyd i ymddiried yn nhywysogion rhyfel nag yn Nhywysog Tangnefedd? Yn ei fywyd a'i aberth ar Galfaria, fe ddangosodd Iesu Grist ffordd amgenach i guro'r gelyn na'i ladd. Caru'r gelyn wnaeth Buddugwr y groes, ac yn ei gariad di-ymollwng ef, y mae'r feddyginiaeth ar gael i bob dyn ac i holl genhedloedd y ddaear.

Emyn: 774 (A) : *'Arglwydd ein bywyd, Duw ein Iachawdwriaeth'*
833 (Atodiad) : *'O! Dywysog ein tangnefedd'*
260 (M,Y.I.) : *'Dy deyrnas doed, O! Dduw'*

Llefarydd:
Gorffennwn ein myfyrdod ar Dafydd â'r hanes amdano yn frenin Israel. Yn ôl yr Hen Destament, teyrnasodd am gyfnod o ddeugain mlynedd, a llwyddodd i amddiffyn ei bobl rhag y gelyn, a sicrhau teyrnas gref a chyfoethog i'w fab Solomon. Enillodd Dafydd le cynnes iawn yng nghalonnau ei bobl, ac yn ystod ei deyrnasiad maith, fe dderbyniodd ganmoliaeth a chlod.
Beth am frenin y Testament Newydd? A dderbyniodd Iesu glod y bobl, ac am ba hyd y teyrnasodd yn Israel? Deugain mlynedd? Na-tair blynedd gwta oedd hyd ei weinidogaeth, a chroes a gafodd yn goron ar y cyfan. Gwrandawn yn awr ar yr hanes.

Darlleniad: Efengyl Mathew 27: 27-31.

Llefarydd:
Beth allwn ei ddweud am y brenin Iesu? Ymha fodd y mae'n rhagori ar frenhinoedd ein byd? Mae ein hateb yn glir a phendant. Dyma frenin a ragorodd yn ei wasanaeth,

"Canys ni ddaeth Mab y Dyn i'w wasanaethu, ond i wasanaethu, ac i roi ei einioes yn bridwerth dros lawer."

A dyma frenin a ragorodd hefyd yn ei gariad-caru gelyn i'r

eitha' ar y groes, a thrwy'r groes gorchfygu angau ei hun:

> *'Ni allodd angau du*
> *Ddal Iesu'n gaeth,*
> *Ddim hwy na'r trydydd dydd*
> *Yn rhydd y daeth.'*

Am hynny, credwn ei fod yn rhydd heddiw i fugeilio ei bobl mewn cariad, ac yn teyrnasu fel brenin mawr ar yr holl fyd. Mae angen ffydd i gredu hyn, gan fod galluoedd drwg yn dal i ddifetha a rhwygo ein byd, ac mae'r Eglwys yn llesg ac yn wan. Ond nid ydym heb obaith. Mae'r Brenin ar ei orsedd, ac mae ei fuddugoliaeth yn sicr, ac yn eiddo i'r rhai sy'n credu yn ei enw. Amen.

Cyd-weddïwn:

Diolchwn ein Tad am gyfle'r oedfa hon i'th addoli, ac i atgoffa'n gilydd o hanes Dafydd. Diolchwn i ti am arwyr yr Hen Destament, ond diolchwn fwy am arwr y Testament Newydd, dy fab annwyl, ein Harglwydd Iesu Grist. Diolchwn am y darlun hyfryd ohono fel bugail da, yn rhoi ei einioes dros y defaid, a'r brenin yn cymryd ffurf caethwas, gan ddarostwng ei hun, gan fod yn ufudd hyd angau, ie, angau ar groes.
O Arglwydd Iesu, â'n gwasanaethaist yn ddi-arbed, ac â'n prynaist â'th werthfawr waed, cymer ein bywyd fel ag yr ydym, a nertha ni i fod yn deilwng o'th gariad, ac yn barod bob amser i'th wasanaethu. Hyn a wnawn. drwy nerth dy ras, ac er clod i'th enw. Amen

Emyn: 852 (A)   :   *'Saif ein gobaith yn yr Iesu'*
              566 (B)   :   *'Saif brenhiniaeth fawr yr Iesu'*
              511 (M)   :   *'Mae'r Brenin yn y blaen'*

Y Fendith:

Am ras ein Harglwydd Iesu Grist,
Am ryfedd gariad Duw,
Am felys gwmni'r Ysbryd Glân,
Rhown foliant tra bôm byw. Amen.

GWEDDÏAU'R GROES.
(Myfyrdod ar gyfer y Groglith).

Gweddi agoriadol:
Ein Tad nefol a sanctaidd, yn ein haddoliad i ti, a'n myfyrdod ar aberth dy fab Iesu Grist ar y groes, gwna ni yn wylaidd ein hysbryd, ac yn agored ein calon i feddyginiaeth dy gariad, a bydded geiriau ein genau'n dderbyniol gennyt, a myfyrdod ein calon yn gymeradwy i ti, O Arglwydd, ein craig a'n prynwr, yn Iesu Grist. Amen.

Emyn: 485 (A); 555 (B)   :   *'Mae rhyw fyrdd o ryfeddodau'*
             100 (M)   :   *'Wel, dyma'r Ceidwad mawr'*

Llefarydd:
Y mae'n naturiol sylwi ar eiriau olaf pobl cyn marw, ac yn arbennig geiriau pobl sy' wedi dylanwadu'n fawr ar eu hoes. Fel y disgwylir, mae geiriau olaf pobl yn amrywio'n fawr o ran eu cynnwys a'u hysbrydolrwydd.
Ar un llaw, bu farw Voltaire, yr anffyddiwr o Ffrainc, mewn anobaith llwyr, a'i eiriau olaf oedd, *"Mae Duw a dyn wedi fy ngadael"*, ond ar y llaw arall, bu farw John Wesley, yn ysbryd yr Efengyl, a'i eiriau olaf oedd, *"Mae Duw gyda ni-ffarwel, ffarwel."* Yn yr un modd, bu farw Richard Baxter, un o'r Piwritaniaid, mewn ysbryd ffydd, a'i frawddeg olaf oedd, *"Mae gennyf boen, ond mae gennyf dangnefedd."*
Yn nes i'n dyddiau ni, fe gofiwn dystiolaeth loyw Dietrich Bonhoeffer ychydig funudau cyn ei grogi. Dedfrydwyd ef gan y Natsïaid am ei safiad dewr yn erbyn Hitler, ac wrth gerdded gyda'r milwyr i'r grocbren dywedodd, *"Dyma'r diwedd, ond i mi, cychwyn bywyd."*
Heddiw, fe seiliwn ein myfyrdod ar eiriau olaf y person mwyaf a welodd y byd erioed, sef yr Arglwydd Iesu Grist. Ni allwn byth ddirnad yn llawn ddyfnder ei ddioddefaint, na mesur mawredd ei gariad tuag atom, ond nid yw hyn yn reswm digonol dros beidio

â darganfod drosom ein hunain neges oesol y groes.
Yn yr efengylau, fe gofnodir saith o weddïau Iesu Grist oddi ar ei groes, Cofnodir tair ohonynt yn Efengyl Luc, tair yn Efengyl Ioan, ac un yn Efengyl Mathew a Marc. Gweddïau byrion yn llawn angerdd cariad Duw ydynt, a thrwyddynt, estynnir inni gyfle i dreiddio i mewn i feddwl a chalon ein Gwaredwr. Gadewch inni wneud hynny yn awr mewn ysbryd gostyngedig. Fe wrandawn ar y gweddïau offrymodd Iesu Grist yn ystod ei ddioddefaint ar y groes, a hefyd yr adnodau sy'n gefndir iddynt.

Llefarydd:
'Pan ddaethant i'r lle a elwir Y Benglog, yno croeshoeliwyd ef a'r troseddwyr, y naill ar y dde a'r llall ar y chwith iddo. Ac meddai Iesu,
"O Dad, maddau iddynt, oherwydd ni wyddant beth y maent yn ei wneud."'

'Yna dywedodd un o'r troseddwyr, "Iesu, cofia fi pan ddoi i'th deyrnas." Atebodd yntau,"Yn wir,'rwy'n dweud wrthyt, heddiw byddi gyda mi ym Mharadwys."'

'Pan welodd Iesu ei fam, felly, a'r disgybl yr oedd yn ei garu yn sefyll yn ei hymyl, meddai wrth ei fam, "Wraig, dyma dy fab di." Yna dywedodd wrth y disgybl, "Dyma dy fam di."'

'Ac am dri o'r gloch gwaeddodd Iesu â llef uchel,"Eloï, Eloï, lema sabachthani", hynny yw, "Fy Nuw, fy Nuw, pam yr wyt wedi fy ngadael?"'

'Ar ôl hyn yr oedd Iesu'n gwybod bod pob peth bellach wedi ei orffen, ac er mwyn i'r Ysgrythur gael ei gyflawni dywedodd,"Y mae arnaf syched."'

'Yna, wedi iddo gymryd y gwin, dywedodd Iesu, "Gorffennwyd."'

'Rhwygwyd llen y deml yn ei chanol. Llefodd Iesu â llef uchel,"O Dad, i'th ddwylo di yr wyf yn cyflwyno fy ysbryd." A chan ddweud hyn bu farw.'

Cyd-weddïo Gweddi'r Arglwydd.

Emyn: 225 (A)   :   *'Wel, ymgysura'n awr'*
          156 (M)   :   *'Ni chollwyd gwaed y groes'*
          469 (B)   :   *'Arglwydd, dysg i mi weddïo'*

Llefarydd:
Yn gyntaf, gweddi Iesu Grist drosom ni,

"O Dad, maddau iddynt, oherwydd ni wyddant beth y maent yn ei wneud."

Yn ystod ei weinidogaeth, fe ddysgodd Iesu Grist ei ddisgyblion i faddau, ac ar y groes, yn anterth ei boen, fe wnaeth ei hunan yr hyn a ddysgodd i eraill. Yn sicr, nid profiad dymunol ac esmwyth i'r Iesu oedd gweddïo am faddeuant ei Dad nefol i'r rhai a'i croeshoeliodd. Yn ei gerdd, mae'r bardd Waldo Williams yn trafod cost maddeuant,

> *'Beth yw maddau?*
> *Cael ffordd trwy'r drain at ochr hen elyn.'*

'Roedd estyn maddeuant Duw yn weithred a gostiodd i Iesu Grist ddioddefaint y tu hwnt i'n dirnadaeth ni. Nid peth rhwydd a rhad yw maddau. Fe gostiodd i'n Harglwydd groes Calfaria.

Llefarydd:
Y mae angen dwfn am faddeuant ar bob un ohonom, oherwydd 'rydym oll yn euog o bechod. Er bod croes Calfaria ymhell oddi wrthym yn ddaearyddol ac yn hanesyddol, y mae ei dedfryd arnom yn wirionedd na all neb ei osgoi. Mynegir hyn yn dreiddgar iawn gan y bardd, Gwilym R Jones, yn ei gerdd,

'O, yr oeddem ni yno.'

>'Mae ar ein traed ni laid Caersalem
>O'r Pasg y flwyddyn Tri-deg-tri;
>Mae ar ein dwylo greithiau'r ddraenen honno
>A blethwyd gennym at yr uchel sbri.
>O! yr oeddem ni yno,
>Ond 'rydym rywsut wedi hen anghofio.'

Ond er dyfned yw cyflwr pechadurus dyn, nid oes rhaid i neb ohonom ymollwng i anobaith. Y mae trugaredd Duw yn ddyfnach na'n trueni ni, ac fe wyddom hyn trwy'r Efengyl. Datguddiodd Iesu Grist ar groes Calfaria gariad di-ymollwng Duw tuag atom, ac yn ei gariad ef, y mae'n bosibl i ni heddiw dderbyn maddeuant am ein pechod. Cofiwn mai rhodd rad Duw yng Nghrist drwy'r groes yw maddeuant. Ni allwn byth ei haeddu na'i brynu,, ond fe allwn ymateb drwy edifarhau am ein pechod, a gweddïo mewn ffydd gyda Williams Pantycelyn,

>'O! maddau 'mai, a chliria'n llwyr
>F'euogrwydd oll i gyd;
>N'ad im dristáu dy fawredd mwy
>Tra fyddwyf yn y byd.'

Emyn: 85 (A); 109 (M) : 'Fy meiau trymion, luoedd maith'
6 (B) : 'Ai am fy meiau i'

Darlleniad: Efengyl Luc 23: 32-43.

Llefarydd:
Fel y clywsom, croeshoeliwyd dau droseddwr gyda'r Iesu ar ddydd Gwener y Groglith. Bu farw un troseddwr yn ei bechod, ac yn ddi-edifar i'r diwedd, ond bu farw'r llall yn edifeiriol ei ysbryd, a chyda'r addewid y byddai gyda'r Iesu ym Mharadwys.
Mewn gwirionedd, 'roedd Duw a'r holl ddynoliaeth ar Galfaria y diwrnod bythgofiadwy hwnnw. Yno 'roedd Duw yn ei fab

Iesu Grist yng ngrym ei gariad sanctaidd. Yno 'roedd yr Eglwys Gristnogol yn y lleidr edifeiriol, ac yno hefyd, 'roedd y byd gelyniaethus yn y lleidr a fynnodd farw yn ei bechod.

Mae'r hanes cysegredig hwn yn cynnwys neges gysurlawn a rhybudd difrifol. Cysur mawr yr Efengyl yw nad yw Iesu Grist yn gwrthod neb sy'n dod ato i geisio ei drugaredd. Cofiwn ei addewid, *"ni fwriaf allan byth mo'r sawl sy'n dod ataf fi."*

Llefarydd:

Yn ogystal â hyn, mae'r Arglwydd Iesu Grist yn abl i achub hyd yr eithaf. Cymeriad truenus iawn oedd y troseddwr edifeiriol, a chyfaddefodd hynny yn gyhoeddus, ond fel arferai rhai o'r hen bregethwyr ddweud, fe'i cipiwyd gan Iesu o'r tân i baradwys.

Ond wrth bwysleisio gallu a pharodrwyd ein Gwaredwr i achub ar yr unfed-awr-ar-ddeg, cofiwn nad pwrpas yr hanes hwn yw caniatau i ni oedi rhag credu'r Efengyl, a chymryd yn ganiatäol y gwna Duw drugarhau wrthym y funud olaf. Na, rhybudd difrifol yr Efengyl yw ei bod yn fater o frys i gredu yn Iesu Grist, ac mai heddiw yw amser Duw i wneud enaid marw'n fyw.

> *'Ofer oedi hyd yfory,*
> *Nid oes wybod pwy a'i gwêl;*
> *Hwn yw'r dydd i ddod at Iesu,*
> *Mae yn derbyn pawb a ddêl.'*

Llefarydd:

Yn drydydd, fe ddywedodd Iesu Grist oddi ar ei groes wrth ei fam, *"Wraig, dyma dy fab di,"* ac wrth y disgybl, *"Dyma dy fam di."*

Yn y frawddeg a ddywedodd Iesu wrth ei fam, fe ganfyddwn gymaint oedd ei ofal ohoni. 'Roedd wedi ei gweld mewn sefyllfaoedd amrywiol iawn, ond 'roedd ei gweld hi yn ei galar, oddi ar ei groes, yn brofiad ysgytwol iddo.

Yn yr un modd, profiad dirdynnol i Mair oedd sefyll yn ymyl y

groes. Teimlodd fel mam ing dioddefaint ei mab, a gwireddwyd proffwydoliaeth Simeon, *"a thithau, trywenir dy enaid gan gleddyf."*
Yn ei ddioddefaint, teimlai'r Iesu i'r byw boenau ingol ei fam, a gwyddai y byddai angen arni gwmni a chymorth un a fyddai yn deall ei hargyfwng. Gwyddai hefyd y byddai angen cysur mam ar Ioan, y disgybl annwyl. Am hynny, mynegodd ei ddymuniad iddynt ofalu am ei gilydd, fel y byddent yn gymorth y naill a'r llall, ac yn daraganfod yn eu galar y diddanwch a ddeuai wrth roi eu hunain i'w gilydd.
Onid oes yn yr hanes hwn ddarlun byw o'r Arglwydd Iesu Grist yn sefydlu perthynas gysegredig a chariadus rhwng credinwyr â'i gilydd? Yn yr eglwys hon, er enghraifft, gall ieuenctid fabwysiadu gweddwon yr eglwys yn famau a thadau, a'r aelodau hŷn fabwysiadu'r ieuenctid fel eu plant. Teulu yw eglwys, gyda'r holl aelodau yn blant i'r Tad nefol, ac yn frodyr a chwiorydd i'w gilydd yng Nghrist.
Yn y weithred gysegredig o gyflwyno Mair, gwraig ganol oed, ac Ioan, gŵr ifanc, i ofal ei gilydd, fe bwysleisiodd Iesu Grist nad yw gwahaniaeth oedran yn cyfri' oddi mewn i rwymyn cariad. Gadewch inni gofio hyn fel Eglwys yn wastad, a chofio hefyd eiriau ein Harglwydd:

"Oherwydd pwy bynnag sy'n gwneud ewyllys fy Nhad, yr hwn sydd yn y nefoedd, y mae'n frawd i mi, ac yn chwaer, ac yn fam."

Emyn: 11(C.Y.I.); 780 (Atodiad); 22 (M.Y.I.): 'Nid oes yng Nghrist na Dwyrain, de.'

Cyd-weddïwn:
Diolchwn i ti, ein Tad, am famau ein gwlad sy'n gwarchod eu teuluoedd yn ysbryd dy gariad, ac yn aberthu eu hunain er mwyn eu plant. Yn dy drugaredd, bendithia bob mam a thad yn yr Eglwys a'r fro hon, ac aros yn dy gariad ar ein haelwydydd i gyd,

'Boed pob aelwyd dan dy wenau
A phob teulu'n deulu Duw.'   Amen.

Llefarydd:
'A phan ddaeth yn hanner dydd, bu tywyllwch dros yr holl wlad hyd dri o'r gloch y prynhawn. Ac am dri o'r gloch, gwaeddodd Iesu â llef uchel,"Eloï, Eloï, lema sabachthani.", hynny yw, "Fy Nuw, fy Nuw, pam yr wyt wedi fy ngadael?"

Ein hymateb cyntaf i'r gri arswydus hon yw ei bod y tu hwnt i'n dealltwriaeth a'n dirnadaeth dyfnaf. Yng ngeiriau'r emynydd y cyfaddefwn,

'Mae yma ryw ddirgelion,
Rhy ddyrys ŷnt i ddyn.
Ac nid oes all eu datrys
Ond Duwdod mawr ei hun.'

Pan waeddodd Iesu Grist y weddi hon, 'roedd eisoes wedi dioddef chwech awr o erchylldra'r groes. Rhoddwyd ef ar y groes am naw o'r gloch y bore, a thair awr yn ddiweddarach, yn ôl Efengyl Marc, fe aeth canol ddydd fel canol nos.

Mae'n anodd egluro arwyddocâd y tywyllwch. Onid oes awgrym yma fod croeshoelio'r Iesu wedi effeithio hyd yn oed ar y greadigaeth? Wedi'r cyfan, onid Arglwydd y cread oedd yn marw ar y groes?

Llefarydd:
Mae'n amlwg mai cri o'r dyfnder yw'r weddi hon, ac ynddi, fe ddatgela Iesu y pellter yr aeth i geisio pechadur. Yn wir, fe aeth mor bell i'n ceisio fel iddo brofi yr arswyd eithaf, sef y profiad ingol fod Duw wedi ei adael.

Fel yr awgrymwyd eisoes, ni allwn ddeall yn gyflawn y weddi hon, ond fe wyddom rai pethau i sicrwydd. Ar ei groes, fe brofodd Iesu Grist ganlyniadau pechod heb fod yn bechadur ei hunan. A mwy na hynny, fe gariodd faich aflendid dynoliaeth mor llwyr nes profi dieithrwch a chondemniad Duw ar bechod. Mynegir hyn yn glir a chryno gan yr Apostol Paul,

'Ni wybu Crist beth oedd pechu, ond gwnaeth Duw ef yn un â phechod drosom ni, er mwyn i ni fod, ynddo ef, yn un â chyfiawnder Duw.'

Yng ngeiriau'r emynydd,

'Ymaflodd mewn dyn ar y llawr,
Fe'i dygodd a'r Duwdod yn un;
Y pellter oedd rhyngddynt oedd fawr,
Fe'i llanwodd â'i haeddant ei hun.'

Emyn: 506(A); 228(M); 649(B)   : *'Pa feddwl, pa 'madrodd, pa ddawn'*

Llefarydd:
Y bumed waedd gan Iesu Grist oddi ar y groes oedd,"*Y mae arnaf syched.*" Cyn hyn, 'roedd Iesu wedi dioddef oriau o boenau arteithiol. Fe'i gwisgwyd â choron o ddrain; fe'i chwipwyd yn ddi-drugaredd, a gorfodwyd ef i gario'r groes ar ei gefn dolurus. Ar ddiwedd y daith i ben Calfaria, hoeliwyd ei ddwylo i'r pren, a rhwygwyd ei gnawd wrth i'r milwyr godi'r groes yn unionsyth.

Gweithred ddieflig oedd croeshoelio Iesu Grist. Ar ôl dioddef oriau ar y groes ym mhoethder yr haul, yr oedd ei dafod yn chwyddedig, a'i syched yn ddirdynnol. Do, fe brofodd gosb greulonaf ei oes, ac yn ei boen arteithiol, gwaeddodd, *"Y mae arnaf syched."*

Mae'r frawddeg hon yn tystio i ddyndod gwirioneddol Iesu Grist, fel bu iddo'i uniaethu ei hun â dioddefaint dyfnaf dyn. Nid ffugio dioddefaint a wnaeth, ond ei brofi i'r eitha'. Mae'r waedd,*"Y mae arnaf syched"* yn fynegiant hefyd, medd rhai esbonwyr, o syched Iesu Grist am achub eneidiau. Yn Efengyl Ioan, fe eglurir syched Crist mewn modd ffigurol, lle cawn ei

hanes ar ddydd olaf un o'r gwyliau Iddewig, yn galw'r tyrfaoedd ato gan ddweud,
"*Pwy bynnag sy'n sychedig, deued ataf fi ac yfed.*"

Syched am waredigaeth yw syched y Cristion, ond syched i waredu yw syched Iesu Grist. Yn wir, onid ei syched i waredu eraill a'i harweiniodd i'r groes, ac onid yw ei syched, fel yr awgryma'r emynydd, yn parhau o hyd?

> *'Y gŵr wrth ffynnon Jacob*
> *Eisteddodd gynt i lawr*
> *Tramwyodd drwy Samaria,*
> *Tramwyed yma'n awr;*
> *'Roedd syched arno yno*
> *Am gael eu hachub hwy,*
> *Mae syched arno eto*
> *Am achub llawer mwy.'*

Cyd-weddïwn:

O Arglwydd Iesu Grist, llanw ni â'th syched di i yfed o gwpan ufudd-dod a chariad. Fe ddywedaist wrth y disgyblion gynt, *'Gwyn eu byd y rhai sy'n newynu a sychedu am gyfiawnder, oherwydd cânt hwy eu digon.'* Dyro inni ddoethineb i geisio dy ewyllys yn gyntaf, a'th nerth i gyflawni yr hyn sydd wrth dy fodd. Er mwyn dy enw mawr. Amen

Llefarydd:

'Yna wedi iddo gymryd y gwin, dywedodd Iesu, Gorffennwyd.'

Ioan yn unig sy'n cofnodi'r gair hwn, ac mae'n air trwm-lwythog ei ystyr o gofio arwyddocâd gweinidogaeth Iesu Grist a'i gyflwr ar y groes.
Mae dioddefiadau'r groes yn annisgrifiadwy, ond ni fennodd hyn ar ei reolaeth o'r sefyllfa. Iesu Grist yw'r brenin a ddewisodd o'i wirfodd i fod yn was dioddefus. Y mae'r awenau yn ei ddwylo. Cyn Calfaria, fe ddywedodd Iesu am ei einioes, *'Nid yw neb yn ei dwyn oddi arnaf, ond myfi ohonof fy hun sy'n ei rhoi.'* Nid dweud

heb wneud wnaeth ein Harglwydd, ac ar y groes, fe roddodd o'i fodd ei einioes yn bridwerth dros lawer.
Am hynny, nid gorfodaeth dynion yw elfen lywodraethol croes Calfaria, ond grym anorchfygol cariad Duw, ac yn y gair bythgofiadwy hwnnw, 'Gorffennwyd.' cyhoeddodd Iesu wrth farw fuddugoliaeth ei gariad.
Nid ochenaid o ollyngdod i ddarfod am byth felly sydd yn y gair 'Gorffennwyd', ond bloedd concwerwr yn cyhoeddi fod ei waith ar y ddaear wedi ei gyflawni yn fuddugoliaethus. Gorchfygodd holl alluoedd y tywyllwch oddi ar y groes, gan gynnwys angau ei hun. Pam felly yr ofnwn-hyd yn oed farwolaeth?

> 'Holl lafur Crist, trwy boenus daith,
> A'i galed waith ddibennwyd,
> Pan 'roes â'r olaf anadl gref
> Yr uchel lef, "Gorffennwyd."'

Emyn: 122 (A); 121 (M); 127 (B) : *'Pan hoeliwyd Iesu ar y pren'*

Llefarydd:
Deuwn at weddi olaf Iesu Grist oddi ar ei groes, *'Llefodd Iesu â llef uchel, "O Dad, i'th ddwylo di yr wyf yn cyflwyno fy ysbryd." A chan ddweud hyn bu farw.'*
Mae'r weddi hon yn adlais o weddi'r Salmydd yn Salm 31. Yn ystod ei fywyd gwnaeth Iesu ddefnydd helaeth o'r Hen Destament, ac mae'n dra arwyddocaol mai dyfynnu o Air Duw a wnaeth yn ei frawddeg olaf cyn marw. A geiriau ydynt sy'n hynod o addas, *"O Dad, i'th ddwylo di yr wyf yn cyflwyno fy ysbryd."*
Dengys hyn ymddiriedaeth lwyr Iesu Grist yn Nuw. Yn wir, onid felly y bu o Fethlehem i'r Groes? Fe ymddiriedodd yn ei Dad nefol ar hyd y daith, ac ar ôl gorffen pob peth, fe ddychwelodd ei ysbryd i ddwylo Duw. Er iddo brofi dieithrwch Duw am foment arswydus ar y groes, ni pheidiodd â gweddïo, ac yn ei weddi olaf, fe gyfarchodd Duw, nid fel teyrn yn ei gosbi, ond fel Tad yn ei garu, ac yn yr ysbryd hwnnw, bu farw.

Ar ddydd cynta'r wythnos, ar ôl dydd Gwener y Grog, datguddiodd Duw fuddugoliaeth y Crist croeshoeliedig yn y Crist atgyfodedig. Dangosodd i'r byd nad yn ofer yr aeth ei fab i'r groes,

> *'Pan grymodd Iesu ei ben,*
> *Wrth farw yn ein lle,*
> *Agorodd ffordd, pan rwygai'r llen*
> *I bur digfannau'r ne'.'*

Am hynny, gadewch inni roi ein hunain i'r hwn a'n carodd i'r eithaf ar y pren, a bod,
"yn gwbl sicr na all nac angau nac einioes, nac angylion na thywysogaethau, na'r presennol na'r dyfodol, na dim arall a grewyd, ein gwahanu ni oddi wrth gariad Duw yng Nghrist Iesu ein Harglwydd."
Ac iddo ef y byddo'r clod a'r gogoniant, yn awr, ac yn oes oesoedd. Amen.

Cyd-weddïwn:

O Dad, i'th ofal tragwyddol y cyflwynwn ein hunain a'n gilydd, ein teuluoedd a'n heglwys, ein gwlad a'n byd. Diolchwn fod breichiau dy gariad yn ddigon mawr i gofleidio'r holl fyd, a bod pwy bynnag sy'n credu yn dy fab yn etifeddu bywyd tragwyddol.
Diolchwn i ti am Iesu Grist ein Gwaredwr -
    am ei ddyfodiad i'r byd mewn gostyngeiddrwydd,
    am ei fywyd pur a dilychwin,
    am ei eiriau o gysur a gwirionedd,
    am ei weithredoedd o drugaredd a chariad,
    am ei aberth drosom ni ar y groes,
    am ei atgyfodiad gogoneddus ar y trydydd dydd,
    a'i bresenoldeb yn yr oedfa hon.
O Arglwydd Iesu Grist, cymer ein clod a mawl, oherwydd ynot ti y mae ein hymddiriedaeth a'n bywyd, a chyda'r emynydd y dywedwn,

> '*Tydi yw'r ffordd, a mwy na'r ffordd i mi.*
> *Tydi yw 'ngrym:*
> *Pa les ymdrechu, f'Arglwydd, hebot Ti,*
> *A minnau'n ddim?*
> *O! rymus Un, na wybu lwfwrhau,*
> *Dy nerth a'm ceidw innau heb lesgáu.*'

Yn ein gweddïau, cyflwynwn i'th ofal ein hanwyliaid a'n cyfeillion sy'n llesg eu hiechyd, a phawb sy'n teimlo pwysau beichiau bywyd yn eu llethu. Yn dy drugaredd, cynnal hwy yn dyner â'th gariad, ac arllwys fendith dy dangnefedd i'w calonnau.

Gweddïwn dros dy weithwyr ym mhob man. Nertha eu breichiau, a chynnal eu hysbrydoedd i gyflawni dy ewyllys sanctaidd, a chadw ninnau rhag anghofio fod

> '*Yr hwn a'n prynodd ar y groes*
> *Yn deilwng o bob awr o'n hoes.*'

Er mwyn ei enw. Amen.

Emyn: 776 (A); 231(M); 364 (B) : '*O! Fab y Dyn, Eneiniog Duw, fy Mrawd*'

Y Fendith:

'I'r hwn sydd yn ein caru ni ac a'n rhyddhaodd ni oddi wrth ein pechodau â'i waed, ac a'n gwnaeth yn urdd frenhinol, yn offeiriaid i Dduw ei Dad, iddo ef y bo'r gogoniant a'r gallu byth bythoedd!' Amen

TEULU DUW YN DIOLCH.

Galwad i addoli:
"Rhowch wrogaeth i'r Arglwydd, yr holl ddaear. Addolwch yr Arglwydd mewn llawenydd, dewch o'i flaen â chan. Gwybyddwch mai'r Arglwydd sydd Dduw; ef a'n gwnaeth, a'i eiddo ef ydym, ei bobl a defaid ei borfa. Dewch i mewn i'w byrth â diolch, ac i'w gynteddau â mawl. Diolchwch iddo, a bendithiwch ei enw, Oherwydd da yw'r Arglwydd; y mae ei gariad hyd byth, a'i ffyddlondeb hyd genhedlaeth a chenhedlaeth."

Emyn: 167 (A); 21 (M); 167 (B) : 'Wrth orsedd y Jehofa mawr'

Llefarydd:
Unwaith eto, cawn gyfle fel Eglwys i gydnabod ein dyled i Dduw, ac i ddiolch iddo am holl fendithion ein bywyd, ond a ydym wedi dod yma heddiw mewn ysbryd diolchgar? Tybed faint o weithiau y daethom i oedfa y funud ola', ac eistedd yn ein sedd heb unrhyw ymdeimlad o ysbryd addoliad na diolchgarwch yn ein calon? Ydym, 'rydym oll yn euog o fynd i oedfa yn ddi-feddwl ac yn ddi-ddiolch, ond yn ei drugaredd, mae Duw trwy'r Ysbryd Glân yn abl i'n hargyhoeddi o galedwch ein calonnau a'n llenwi ag ysbryd diolchgarwch.
Un tro, mewn gwasanaeth diolchgarwch, dywedodd hen sant ar ei weddi,

'Diolch i ti ein Tad am holl fendithion fy mywyd. Yn dy drugaredd, dyro imi un fendith arall-y fendith o deimlo'n ddiolchgar.'

Mae gan ein Tad nefol ei ffordd arbennig ei hun o fendithio ei bobl ag ysbryd diolchgarwch, a gobeithiwn y bydd hynny yn digwydd yn yr oedfa hon wrth i ni ei addoli, ac ymateb i neges ei Air. Daw neges Duw i ni heddiw trwy dystiolaeth y Salmydd yn yr wythfed salm.

Darlleniad: Salm 95:1-7

Cyd-weddïo Gweddi'r Arglwydd.

Emyn: 920 (A); 785(B) : *'Am wlad mor dawel ac mor dlws,'*
790 (M) : *'Arglwydd y gofod di-ben-draw'*

Llefarydd:
Un o fendithion mawr bywyd yw gofal cariadus teulu ohonom, ac oddi mewn i'r gofal hwn, 'rydym yn teimlo'n ddiogel a chysurus. Y mae hyn yn brofiad cyffredin i'r rhan fwyaf ohonom, ac fe ddylem gydnabod hynny yn ddiolchgar.
Yr enwau sy'n cael eu cysylltu â theulu yw gŵr a gwraig, tad a mam. mab a merch, brawd a chwaer, cefnder a chyfnither, taid a nain, a modryb ac ewythr. Mae pawb ohonom yn gallu'i uniaethu'i ei hunan â rhai o'r enwau hyn. Gadewch inni wrando ar dystiolaeth gwahanol aelodau'r teulu gan ddechrau gyda'r plant.

Adroddiad:

'RWYN HOFFI.

(1) *'Rwyn hoffi mynd i'r ysgol*
Bob dydd i weld y plant.
'Rwyn dysgu llawer yno
A chyfri bron i gant!

(2) *'Rwyn hoffi mynd i'r pentre'*
I weld fy ffrindiau i gyd:
'Rwyn chwarae oriau yno
Â ffrindiau gorau'r byd.

(3) *'Rwyn hoffi mynd ddydd Sadwrn*
I weld fy annwyl daid.
Mae nain yn brysur wastad,
Ac aros i de sy' raid.

(4) *'Rwyn hoffi mynd i'r capel*
Bob Sul i foli Duw,
A diolch, diolch iddo
Am nerth i gadw'n fyw.

(5) *O! diolch, diolch Iesu,*
'Rwyt Ti'n garedig iawn.
Mae' myd i gyd yn hyfryd,
A 'nghalon fach yn llawn.

(6) *Wrth ddiolch iti Iesu*
Am bopeth roist i mi,
Dy nerth, o dyro eto
I weithio drosot Ti.

Emyn: 113(C.Y.I.); 943(Atodiad); 92(M.Y.I.) : *'Cariad Iesu Grist.'*

Deialog gan bobl ifainc. *(gellir addasu yn ôl yr angen.)*

Person 1: "Wyt ti am fynd i'r capel? Mae'na wasanaeth arbennig yno heddiw'r rwy'n credu."
Person 2: "O! be' sy"mlaen?"
P1: "Gwasanaeth Diolchgarwch-cyfle inni sylweddoli mor dda ydi hi arnom ni."
P2: "Wel, ie, mae hynny yn wir, ond biti na fuasen i yn cydnabod hynny trwy'r flwyddyn. Dydi diolch un diwrnod y flwyddyn ddim yn swnio'n iawn rywsut."
P1: "Mae'r gweinidog wedi gofyn inni wneud rhestr o bethau y dylem ni bobl ifanc ddiolch amdynt. Wnei di helpu?"
P2: "Beth am ddechrau hefo ffrindiau? Mae gennyt ti ddigon ohonyn'nhw—merched a bechgyn!!!"
P1: "Tithau hefyd! Ond i fod o ddifri am funud -mae gyda ni ffrindiau ardderchog on'd oes. Gobeithio ein bod ni yn ffrindiau da iddyn' nhw hefyd."
P2: "Mae hyn yn gwneud imi feddwl am yr ysgol. 'Rwy'n gwybod ein bod ni'n cwyno weithie am yr athrawon, ac maen'nhw yn annheg ambell waith, ond yn y bôn, maen'nhw yn grêt,- a chware teg, fuaswn i ddim yn hoffi eu gwaith 'nw. Dim ond blwyddyn sy gen'i ar ôl.
P1: "Wel, mae gen'i flynyddoedd i fynd,-ond dyna fo','rwy'n mwynhau'r ysgol, a diolch am hynny."
P2: "Ond beth am adre'ma: mi fuaswn i yn hoffi cael 'stafell wely lawer mwy na'r un sy' gen'i, - ac mae Dad yn cwyno o hyd ei bod hi'n flêr, a Mam hefyd!"
P1: "Wel, i fod yn deg â Dad a Mam, mae hynny yn wir. 'Rwyt ti yn flêr, a finne hefyd! Ond mewn gwirionedd, mae'n dda arnom ni-ac ar Dad a Mam. Meddylia am deuluoedd yn rhannau eraill o'r byd-druan ohonyn'nhw."
P2: "Faint sy gen' ti ar y rhestr 'na rwan? Fe ddylem yn sicr gynnwys Taid a Nain. Maen' nhw'n ddoniol iawn weithie, yn enwedig Taid! Pryd aethom i'w gweld

	dd'wetha'?"
P1:	"Mae'n rhaid inni fynd yno eto yn fuan. Mae Taid mor groesawus, ac mae Nain wrth ei bodd yn paratoi te inni. Maen' nhw'n ddigon o ryfeddod!"
P2:	"Digon gwir, ond beth arall gawn ni roi ar restr diolch heblaw'n teulu ni?"
P1:	"Wel, mae'na gymaint o bethau y gallwn eu rhoi. 'Rydym yn cael digonedd o fwyd a diod i'n cadw'n fyw a dillad i gadw'n gynnes, awyr iach a gwlad brydferth i fwynhau bywyd, cymdogion caredig a phobl capel, ie, a Iesu Grist."
P2:	"'Rwyt ti yn iawn. Wnawn ni byth orffen y rhestr'ma. Mae'n ddiderfyn, a diolch i Dduw am hynny."

Cyd-weddïwn:

Ein Tad, wrth ddiolch i ti am gariad anwyliaid, caredigrwydd cymdogion, a theyrngarwch ffrindiau, gwna i ni sylweddoli mor dda yw hi arnom, ac mor fawr yw ein dyled i ti.

> *'Diolchaf am dy gariad cu*
> *Yn estyn hyd fy oes;*
> *Diolchaf fwy am Un a fu*
> *Yn gwaedu ar y Groes.'*

Yn dy drugaredd, agor ein llygaid i weld anghenion pobl eraill, ac i rannu dy fendithion yn ysbryd dy gariad. Yn wir, nertha ni i ymwadu â ni ein hunain, i godi'n croes, ac i ddilyn Iesu Grist. Er mwyn ei enw. Amen.

Emyn: 771(A); 926(Atodiad); 136(M.Y.I.) : *'Pob peth, ymhell ac agos,'*

Llefarydd (*ar ran y tadau*):

Mae nifer o dadau yn y gynulleidfa, ac y maent fel finnau yn ddiolchgar am gymaint o fendithion bywyd. Fel y clywsom yn barod, mae'n amhosibl rhestru popeth a gawsom, ac mae nifer o'r bendithion hyn yn cael eu hestyn i bawb ohonom. Ond fel tadau, 'rydym yn diolch i Dduw yn arbennig heddiw am ein gwragedd sy'n famau da, ac am ein plant sy'n werth y byd. Wrth gwrs, nid ydym yn teimlo fel hyn bob amser! Mae gwraig a phlant yn llethu amynedd rhywun ambell dro, ac fe allant hwy ddweud hyn amdanom ni'r tadau hefyd! 'Rydym yn anodd iawn ein trin ar adegau, ond yr hyn sy'n braf yw fod ein gwragedd a'n plant yn ein derbyn fel ag yr ydym, ac yn ein caru er inni eu siomi lawer gwaith.

Sylfaen priodas dda ac aelwyd ddedwydd yw cariad Duw yn Iesu Grist. Ef yn unig a all ein cadw yn wir ffyddlon i'n gwragedd, ac yn addurn sanctaidd a gogoneddus i Dduw.

Llefarydd:

Ar ddydd pen blwydd ein priodas, daw atgofion melys a thrist i'n cof, ond trwy'r cyfan, fel y mynegir yn y pennill bychan hwn, fe dyf holl liwiau'r daith, yn ei law Ef, yn harddach beunydd,

> 'Mae cant a mil o ddyddiau bron
> Ar glawr ers dydd ein priodas,
> Ac amryw liwiau bywyd dau
> Ynghyd, fel llun ar ganfas.
> Mae cysgod yma, heulwen draw
> 'Nol arfaeth yr Arlunydd,
> A than Ei law tyf lliwiau'r llun
> A'n serch yn harddach beunydd,'

Wrth ddiolch am fendithion cymar a phlant a theulu, byddai'n dda i ni dadau gofio yr adnodau canlynol:

"Câr di yr Arglwydd dy Dduw â'th holl galon, ac â'th holl enaid, ac â'th holl nerth. Y mae'r geiriau hyn yr wyf yn eu gorchymyn iti heddiw i fod yn dy galon. Yr wyt i'w hadrodd i'th blant, ac i sôn amdanynt pan fyddi'n eistedd yn dy dŷ ac yn cerdded ar y ffordd, a phan fyddi'n mynd i gysgu ac yn codi.

Chwi dadau, peidiwch â chythruddo'ch plant, ond eu meithrin yn

nisgyblaeth a hyfforddiant yr Arglwydd.
Chwi wŷr, carwch eich gwragedd, fel y carodd Crist yntau'r Eglwys a'i roi ei hun drosti." Amen.

Cyd-weddïwn: *(un o'r tadau)*
Ein Tad nefol a sanctaidd, Tad yr holl genhedloedd a Thad pob unigolyn, gwna ni dadau'r ddaear yn ostyngedig ein hysbryd ger dy fron, ac yn ymwybodol o'n braint a'n cyfrifoldeb i warchod ein teulu yn ysbryd dy gariad.
Gweddïwn am ras i'n cadw rhag cymryd ein cymar yn ganiataol, a'i defnyddio yn hunanol. Gwared ni o bob chwant a phechod sy'n difrïo cysegredigrwydd priodas, ac arwain ni trwy ein serch at ein cymar, i gyflawnder y cariad hwnnw sy'n bwrw allan ofn, fel y byddom yn deulu dedwydd a sanctaidd i ti dy hun.
Yn ein perthynas â'n plant, cynorthwya ni rhag eu beirniadu yn annheg, a'u ceryddu yn ddiddiwedd. O Dad, meithrin ynom ysbryd cariad, fel y byddom yn dadau tyner a gofalus o'n plant, ac yn esiampl dda iddynt mewn meddwl, gair a gweithred.
Diolchwn i ti am fendith dy gariad yn ein cartrefi, lle teimlwn yn ddiogel a chysurus yng nghwmni ein hanwyliaid. O Dad, cadw ni rhag anghofio y miloedd heddiw yn ein byd sy'n ddigartref, ac heb aelwyd i orffwys arni. Yn dy drugaredd, taena dy adain rasol drostynt oll, a nertha ninnau i wneud ein rhan i leddfu poen ac i ysgafnhau beichiau bywyd ein brodyr a'n chwiorydd. Er mwyn Iesu Grist. Amen.

Emyn: 46(A); 56(B): *'Dragwyddol, Hollalluog Iôr.'*

Llefarydd: *(ar ran y mamau)*
Mae nifer o famau yn y gynulleidfa, ac fel y tadau, 'rydym ninnau hefyd yn diolch i Dduw am ein cymar a'n plant. Mae bod yn fam yn un o freintiau mwyaf bywyd, ac yn gyfrifoldeb mawr. Ers talwm, 'roedd rhai mamau yn geni nifer fawr o blant, ac yn eu magu mewn amgylchiadau anodd a chaled iawn. Mae'r cyfnod hwnnw wedi mynd heibio i'r rhan fwyaf ohonom, ond ni allwn anghofio aberth ein hanwyliaid yn y

dyddiau a fu. Mae geiriau'r bardd W.J.Gruffydd yn briodol iawn:

> *'Cofia dy fam, a'i phryder hi*
> *Yn oriau dy nosau anniddig di,*
> *A chofia beunydd mai dy grud*
> *Oedd allor ei hieuenctid drud.'*

Llefarydd: *(ar ran y mamau)*
Y mae cofio hyn yn ein hatgoffa o frawddeg yr Apostol Paul yn ei lythyr i'w fab yn y ffydd, Timotheus,

"Daw i'm cof y ffydd ddiffuant sydd gennyt, ffydd a drigodd gynt yn Lois, dy nain, ac yn Eunice, dy fam, a gwn yn sicr ei bod ynot tithau hefyd."

Wrth ddiolch am ffydd ddiffuant ein rhieni gynt, mae'n deg gofyn a yw ein ffydd ni heddiw yn ddi-ysgog yn yr Arglwydd Iesu Grist, ac a ydym yn trosglwyddo gwerthoedd yr Efengyl i'n plant?
Yn y bedydd, addawsom gyda'n gwŷr i fagu ein plant yng ngwirioneddau a dyletswyddau'r Ffydd Gristnogol, gan weddïo drostynt a rhoi esiampl dduwiol iddynt. Y diolch gorau y gallwn ei roi i'r Arglwydd yw anrhydeddu yr addewidion a wnaethom iddo, ac ymroi i garu ein plant a'n gwŷr yn enw ein Gwaredwr annwyl Iesu Grist.
Fe wrandawn yn awr ar ddetholiad o adnodau o lyfr y Diarhebion sy'n sôn am y wraig rinweddol, ac hefyd ar ychydig o adnodau o lythyr cyntaf Ioan sy'n ein hannog ni i garu ein gilydd.

Darlleniad: Llyfr y Diarhebion 31: 10-12, 26-31.
                 Llythyr 1af Ioan 4: 10-12, 19.

Gweddïwn: *(un o'r mamau)*
Diolchwn i ti, ein Tad, am neges dy Air inni garu ein gilydd fel teuluoedd. Diolchwn am deulu dy Eglwys yn y tŷ hwn, lle cawn

ymateb fel plant i ti, ac fel brodyr a chwiorydd i'n gilydd yn Iesu Grist. Cyffeswn ein diffygion fel rhieni, a phwyswn ar dy dosturi mawr. Gweddïwn dros holl deuluoedd yr Eglwys a'r fro hon, a deisyfwn gyda'r emynydd,

> *'Boed pob aelwyd dan dy wenau*
> *A phob teulu'n deulu Duw;*
> *Rhag pob brad, nefol Dad,*
> *Cadw Di gartrefi'n gwlad.'*

O Dad, os gweli'n dda, gwarchod ein teuluoedd â'th gariad, a bydded i dangnefedd dy fab Iesu Grist aros ar ein haelwydydd, ac yn ein calonnau. Er mwyn dy enw mawr. Amen.

Emyn: 794 (A); 739 (B)   :   *'O! Nefol Dad, dy gariad Di'*
               826 (Atodiad)   :   *'Arglwydd Iesu, dysg im gerdded'*

Llefarydd: *(ar ran taid a nain)*
Mae'n dda dweud fod nifer o deidiau a neiniau hefyd yn y gynulleidfa, ac yr ydym fel gweddill y teulu yn diolch i Dduw am fendithion di-rifedi bywyd.
Ein tuedd naturiol ni yw edrych yn ôl dros ysgwydd y blynyddoedd, a dwyn i gof brofiadau amrywiol bywyd. Ni fu'r daith i gyd yn ddi-gwmwl, a daw ambell ddigwyddiad trist yn ôl i'r cof, ond nid yw'r gorffennol chwaith heb ei atgofion melys a hyfryd, ac 'rydym yn diolch i Dduw heddiw am yr holl fendithion a gawsom i gyfoethogi ein bywyd.
Dywed yr Apostol Paul wrthym,
"Ym mhob dim rhowch ddiolch, oherwydd hyn yw ewyllys Duw yng Nghrist Iesu i chwi"

Yn ein digonedd heddiw, mae'n hawdd iawn colli ysbryd diolchgarwch, a'r ymdeimlad o gyfrifoldeb tuag at ein gilydd. Yn ogystal, mae gormod o agendor heddiw rhwng yr ifanc a'r hen,- yr hen yn drwgdybio'r ifanc, a'r ifanc yn anwybyddu'r hen. Ond ein cysur yw fod cariad yr Arglwydd Iesu Grist yn abl i ddymchwel pob rhagfarn a dieithrwch yn ein plith, a chreu ynom gonsyrn gwirioneddol am ein gilydd.

Fel teidiau a neiniau, rydym yn mwynhau, nid yn unig ein plant. ond hefyd ein hwyrion a'n hwyresau. Maent yn ein cadw'n ifanc ac yn brysur! Yn sicr, bendith fawr yw treulio hydref bywyd yng nghwmni ein hanwyliaid.

Llefarydd: *(ar ran taid a nain)*
Sylweddolwn fod llawer yn ein cymdeithas a'n byd yn amddifad o fendithion yr aelwyd, ac yn teimlo diwedd oes yn faich. Onid un o nodweddion yr aelwyd Gristnogol yw cynhesrwydd cariad a chroeso i'r unig a'r llesg?
Gwyddom hefyd nad yw pawb yn ein cymdeithas yn briod ac yn mwynhau gofal a chysur teulu. Onid ein tuedd, ambell dro, yw anghofio eu anghenion, a cholli cyfle i'w croesawu i'n haelwydydd?
Gofidiwn fod toriadau priodas yn gadael llawer heddiw yn ddiymgeledd a thrist, a phryderwn yn fawr am ddyfodol ein plant sy'n byw mewn cymdeithas sy'n dilorni cysegredigrwydd priodas a gwerthoedd y teulu Cristnogol. Ond llawenhawn hefyd fod nifer fawr o brïodasau dedwydd o hyd yn ein gwlad, a theuluoedd sy'n byw yn gytun mewn ysbryd cariad, a than fendith Duw yn Iesu Grist.
'Duw, cariad yw.' Dyna'r adnod gyntaf a blannwyd yn ein meddyliau pan yn blant, a thros y blynyddoedd, cawsom brofi a mwynhau ei gariad, yn ein perthynas â'n gilydd ar ein haelwydydd gartref, a hefyd ar aelwyd yr eglwys hon.
Am hynny, gadewch inni lynnu'n gadarn yng ngwirioneddau'r Ffydd, gan estyn i'n plant, ac i blant ein plant, drysorau cariad Duw yn Iesu Grist. Ac iddo Ef y rhoddwn ein diolch a'n clod, yn awr, a hyd byth. Amen.

Cyd-weddïwn: *(taid neu nain neu aelod hŷn o'r Eglwys)*
Diolchwn i ti ein Tad am gyfnodau amrywiol taith bywyd,

- am gyfnod plentyndod dan ofal rhieni cariadus,
- am gyfnod ieuenctid yn llawn asbri ac ynni,
- am gyfnod canol oed prysur, a chyfnod tynnu'r gwys i'r dalar.

O Dad, diolchwn am dy gwmni grasol ar hyd y daith, ac am ofal tyner anwyliaid a chyfeillion ohonom. Gweddïwn dros bawb sy'n teimlo bywyd yn faich ac yn unig. Cysura hwy â diddanwch dy gariad, a nertha ni i wneud ein rhan, gan weld pob mab i ti yn frawd i ni, O! Dduw.

Gweddïwn am ofal dy gariad arnom ninnau hefyd fel teuluoedd ac Eglwys. O Dad, gwna ein heglwys yn fwy o aelwyd, a'n haelwydydd yn fwy o eglwys, fel y daw eraill trwom ni i'th adnabod yn Dad annwyl, a'th fab Iesu Grist yn Frawd ac yn Geidwad.

Clyw ein gweddïau, ac aros gyda ni, a chyda phlant Duw ym mhob man. Gofynnwn hyn yn enw ein Harglwydd Iesu Grist. Amen.

Emyn: 846 (A); 745 (M); 695 (B) :   *'Gogoniant tragwyddol i'th enw, fy Nuw'*

Y Fendith:

Gras ein Harglwydd Iesu Grist, a chariad Duw, a chymdeithas yr Ysbryd Glân, a fyddo gyda chwi oll. Amen.

GŴYL Y GOLEUNI. (Y Nadolig)

Llefarydd:
"Y bobl oedd yn rhodio mewn tywyllwch a welodd oleuni mawr; y rhai a fu'n byw mewn gwlad o gaddug dudew a gafodd lewyrch golau."

Llefarydd:
"Ynddo ef bywyd ydoedd, a'r bywyd, goleuni dynion ydoedd. Y mae'r goleuni yn llewyrchu yn y tywyllwch, ac nid yw'r tywyllwch wedi ei drechu ef."

Llefarydd:
"Yr Arglwydd yw fy ngoleuni a'm hiachawrwriaeth, rhag pwy yr ofnaf?"

Siaradwr:
Ie, Gŵyl y Goleuni yw'r Nadolig. Yn ein cartrefi, fe roddwn oleuadau ar ein coeden Nadolig, a'i gosod yn y ffenestr. Yn ein pentrefi a'n trefi, fe roddir goleuadau llachar ar hyd y strydoedd, a choeden enfawr wedi ei goleuo yn lliwgar yn y sgwâr.
Ers talwm, arferai pobl ar ddiwrnod Nadolig gerdded yn blygeiniol i'r eglwys i ganu carolau. Yn y dyddiau hynny, nid oedd trydan na nwy i oleuo'r eglwysi, ac felly, deuai'r addolwyr a'u canhwyllau eu hunain, a pho fwyaf fynychai'r plygain, mwyaf llachar fyddai'r goleuni.
Yn y capel hwn, mae gennym oleuni trydan, ond nid yw hynny yn ein rhwystro rhag goleuo cannwyll i ddathlu geni pen blwydd Iesu Grist. Gadewch inni wneud hynny, a chanu carol sy'n sôn am y goleuni a lewyrchodd ym Methlehem Jwdea.

Emyn: 175 (C.Y.I.); 976 (Atodiad); 318 (M.Y.I.) :
'O! dawel ddinas Bethlehem'

Llefarydd:
Yn y Testament Newydd, Mathew a Luc sy'n adrodd hanes geni Iesu Grist, ac mae'r ddau yn sôn am ddyfodiad y goleuni nefol. Dyma ddywed Mathew wrth dystio i'r digwyddiad rhyfedd hwn.

Darlleniad: Mathew 2: 1-12.

Llefarydd:
Seren ddisglair yn goleuo'r awyr a welodd y doethion, ac wrth ei dilyn, fe ddaethant i Fethlehem, a chael hyd i'r baban Iesu gyda Mair ei fam.
Pobl oeddynt yn chwilio yn y tywyllwch, ond chwilio a wnaethant gan edrych i fyny ar seren ddisglair, ac wrth barhàu i edrych arni, sylwasant ei bod yn teithio i le arbennig.
"A dyma'r seren a welsent ar ei chyfodiad yn mynd o'u blaen hyd nes iddi ddod ac aros uwchlaw'r man lle'r oedd y plentyn,"
Cyfrinach llwyddiant y daith i'r doethion oedd iddynt gadw eu golygon ar y seren. Er hynny, bu bron iddynt syrthio i brofedigaeth un adeg ar y daith, drwy ostwng eu golygon i holi'r brenin annuwiol hwnnw Herod. Cawn ddarlun byw o hyn yn englyn y bardd, Gwilym Herber Williams,

> *'Y rhain o'r Dwyrain sy'n dod - i siarad*
> *Am seren wrth Herod:*
> *Ymholi ar gamelod*
> *Am Un bach, y mwya'n bod!.'*

Ond fel gwir ddoethion, fe ddysgodd y rhain oddi wrth eu camgymeriadau. Codasant eu golygon eilwaith at y seren, a'r tro hwn, arweinwyd hwy yn ddiogel i Fethlehem Jwdea lle ganwyd y baban Iesu. Yn y cyswllt hwn, daw cyngor Emerson i'n cof,

"Hitch your wagon to a star, and that star must be the star of Bethlehem."

Boed i ninnau hefyd godi ein golygon i'r nefoedd, a dyheu gyda'r bardd O.M.Lloyd,

> 'O! na welem ni olau-ei seren
> A phrysuro'n camau
> I Fethlem, i roi'n gemau
> O'i flaen Ef i'w lawenhau.'

Emyn: 878(A); 974 (Atodiad):   'Ganol gaeaf noethlwm'

Cyd-weddïwn:
(a) Diolchwn i ti ein Tad am y Nadolig cyntaf, ac am lewyrchu goleuni gobaith dy ogoniant i ni   yn wyneb Iesu Grist,

> 'Caed baban bach mewn preseb,
>   Drosom ni,
> A golau Duw'n ei wyneb
>   Drosom ni.'

Diolchwn am hanes hyfryd y doethion yn chwilio am y baban Iesu, a'r modd yr arweinwyd hwy yn ddiogel at ei grud. Yn dy drugaredd, gweddïwn ar i ti lewyrchu dy oleuni arnom ninnau hefyd, fel y cawn ein tywys heibio i dywyllwch ein amheuon ffôl i weld gogoniant dy Dduwdod yn y cnawd.

Yn ystod y Nadolig hwn, gwared ni rhag cael ein denu i gerdded ffyrdd drygionus, nac i ymdroi gyda rhialtwch masnachol yr ŵyl. O! Dad, dyro inni ddoethineb y doethion gynt i ddysgu oddi wrth ein camgymeriadau, ac i barhau i godi ein golygon atat ti.

> 'Dy olau Di, fy Nuw,
> Yn wyneb Iesu mawr,
> Yw f'unig obaith mwy
> Ar dywyll ffyrdd y llawr.'

(b) Cydnabyddwn na allwn fel meidrolion ddeall rhyfeddod y geni ym Methlehem, ond fe gredwn iti ddod i'n byd yng nghyflawnder yr amser, ac i mewn i'n bywyd drwy wisgo ein cnawd dynol, a'n caru i'r eithaf ar groes Calfaria.

> *'Ni wyddom ni, ni allwn ddweud*
> *Faint oedd ei ddwyfol loes,*
> *Ond credu wnawn mai trosom ni*
> *Yr aeth Efe i'r groes.'*

Gweddïwn dros bawb y Nadolig hwn sy'n amddifad o wres cariad anwyliaid, ac sy'n cael eu llethu gan unigrwydd ac anobaith. O Dad Nefol, dyro iddynt yn ystod yr ŵyl hon sicrwydd na wnei byth eu gadael yng ngaeaf eu trallod, ac y byddi yn Dduw Immanuel iddynt mewn ysbryd a gwirionedd.
Clyw ein gweddïau, a derbyn ein diolch yn enw Iesu Grist. Amen.

Emyn: 880 (A)   :   *'Tawel nos, dros y byd'*
   977 (Atodiad) : *'Dos, dywed ar y mynydd'*

Llefarydd:
Y mae Luc hefyd yn sôn am oleuni yng nghanol nos. Fel yn hanes y doethion, mae'r nos yn amlwg yn hanes y bugeiliaid hefyd, ac i ganol nos eu bywydau y daeth angylion, gan ddisgleirio golau Duw o'u hamgylch. Gwrandawn ar yr hanes.

Darlleniad: Luc 2: 8-20.

Llefarydd:
"A disgleiriodd gogoniant yr Arglwydd o'u hamgylch."
Fe ddigwyddodd hyn ganol nos pan oedd y nos dywylla. Mae hyn yn ein hatgoffa o frawddeg y proffwyd Eseia,

"Y bobl oedd yn rhodio mewn tywyllwch, ac mewn gwlad o gaddug dudew."

Mae lle i ofni ei bod yn nos arnom yn ysbrydol yng Nghymru heddiw, ac mae'n well gan lawer aros yn nhywyllwch anghrediniaeth a phechod ein hoes nag ymateb i oleuni yr Efengyl.

Ond nid felly y bugeiliaid, ac aethant ar frys i weld yr hyn oedd wedi digwydd. Mae'n rhaid fod yr ymweliad nefol hwn wedi effeithio'n fawr ar y bugeiliaid, oherwydd nid yn aml mae'n bosibl eu tynnu oddi wrth eu gwaith, fel yr awgryma'r bardd,

> 'Fugeiliaid garw, pa gerdd a faidd
> Liw nos eich denu oddi wrth y praidd?
> Pe gwrandawech chwithau, aech mewn hoen
> I syllu ar y Dwyfol Oen.'

Mae yn hanes y bugeiliaid neges arbennig i ninnau hefyd. Yng nghlyw y newyddion da, boed inni gyda Ficer Pritchard brysuro ein camrau i Fethlehem.

> 'Mae'r bugeiliaid wedi blaenu
> Tua Bethlem, dan lonychu,
> I gael gweld y grasol Frenin,
> Ceisiwn ninnau, bawb, eu dilyn.'

Dywed Luc wrthym i'r bugeiliaid ddychwelyd,

> "gan ogoneddu a moli Duw am yr holl bethau a glywsant ac a welsant."

Onid felly y dylai fod yn ein hanes ninnau hefyd? Fe ddaw yr oedfa hon i ben, ond gobeithiwn y byddwn yn parhau ar ôl yr oedfa hon i ganmol y baban Iesu a ddaeth yn Geidwad ein bywyd ac yn obaith i'n byd.

Emyn: 887(A); 982(Atodiad) : 'Tua Bethlehem dref'

Cyd-weddïwn (gall nifer offrymu'r weddi hon):
(a) O Dduw ein Tad, ffynhonnell y Goleuni nefol, gweddïwn dros

bawb fydd yn treulio'r Nadolig hwn mewn tywyllwch a gwewyr anobaith. Erfyniwn arnat eu cysgodi yn dyner a'u cysuro â'th gariad.

(b) Gweddïwn dros y miliynau yn ein byd sy'n fyr o'n breintiau. Yng nghanol ein digonedd, cadw ni rhag colli'r ymwybyddiaeth o gyfrifoldeb tuag at bawb sy'n brin o fendithion tymhorol bywyd, a nertha ni i gyfieithu ein teimladau gorau tuag atynt yn gymwynasau da a phrydferth.

(c) Gweddïwn dros y cleifion a'r amddifad fydd yn treulio'r Nadolig hwn mewn ysbytai a chartrefi'r henoed. O Dad, dyro iddynt sicrwydd dy gariad na wnei eu gadael, a bendith dy dangnefedd yng nghanol treialon bywyd.

(ch) Gweddïwn dros holl genhedloedd ein byd, ac yn arbennig y rhai sy dan gwmwl rhyfel a dinistr. O! Dywysog tangnefedd, rho dy ddoethineb ac ysbryd cymodi yng nghalonnau arweinwyr gwleidyddol ein dydd, a chyfiawnder tangnefeddus i holl lywodraethau ein daear.

(d) Gweddïwn dros dy Eglwys yn ystod yr ŵyl hon. Cadw hi ar lwybr dy wirionedd, a nertha hi i gyflawni ei chenhadaeth gan gyhoeddi,

"nad oes iachawdwriaeth yn neb arall. oblegid nid oes enw arall dan y nef, wedi ei roi i ddynion, y mae i ni gael ein hachub drwyddo."

(dd) Gweddïwn dros ein cyfeillion a'n hanwyliaid. O Dad, yn dy drugaredd, cadw hwy rhag pob drwg, a bugeilia hwy â'th gariad. Ac arhosed bendith yr ŵyl arnom oll, fel y byddo cân o foliant i'th fab Iesu Grist yn ein calon, ac yn ein genau weddill yr oedfa hon, a hyd byth. Amen.

Emyn: 885.(A); 978(Atodiad); 277 (M.Y.I) : *'Suai'r gwynt, suai'r gwynt'*

Llefarydd:
Mae ein darlleniad olaf yn yr Efengyl yn ôl Ioan. Ni chawn hanes geni Iesu Grist gan Ioan. Yn hytrach, mae'n egluro pwy yw Iesu Grist mewn gwirionedd, ac yn niwedd ei lyfr, mae'n tystio iddo gofnodi'r hanes

"er mwyn i chwi gredu mai Iesu yw'r Meseia, Mab Duw, ac er mwyn i chwi trwy gredu gael bywyd yn ei enw ef."

Gwrandawn yn awr ar dystiolaeth Ioan yn y bennod gyntaf.

Darlleniad: Ioan 1: 1-18

Llefarydd:
Mae'r bennod gyfoethog hon yn tystio fod Iesu Grist yn fwy ac yn well na phawb. Yn wir, fe â Ioan ymhellach trwy ddweud fod Iesu Grist yn unig wir Fab Duw, ac iddo ddod i'r byd i roi goleuni a bywyd i bwy bynnag sy'n credu.
Gŵr a bortreadodd Iesu Grist fel goleuni oedd Holman Hunt, yr arlunydd enwog. Yn y darlun, *"Goleuni'r Byd"*, mae Crist yn sefyll y tu allan i'r drws yn curo, gyda llusern olau yn ei law. Onid yw neges y darlun yn un gysurlawn? Mae Iesu'n curo wrth ddrws calon pob un ohonom, ac os caiff dderbyniad gennym, fe dry nos ein bywyd yn ddydd.

Un o nodweddion goleuni yw ei fod yn dileu'r tywyllwch. Onid hynny a wnaeth yr Arglwydd Iesu Grist wrth ddod i'n byd? Llewyrchodd haul ei gariad lle bynnag yr elai, a thrwy angau'r Groes, fe'n sicrhaodd na all holl alluoedd y tywyllwch ddiffodd fflam ei gariad. Fe fynegir hyn yn rymus gan yr emynydd,

*"Cans llosgi wnaeth dy gariad pur pob cam,
Ni allodd angau'i hun ddiffoddi'r fflam."*

Credwn fod fflam cariad Iesu Grist yn dal i gynhesu calonnau ei ddilynwyr, ac yn eu galluogi i orchfygu holl alluoedd y tywyllwch, a'u gwneud yn wir blant y Goleuni.

Llefarydd:
Mae hyn wrth gwrs, yn fraint fawr ac yn gyfrifoldeb arbennig. Plant y Goleuni yw Cristnogion, a chymdeithas y wawr yw'r Eglwys Gristnogol. Mae goleuni yn llewyrchu orau pan fo'r tywyllwch dduaf. Fe ddylai hyn fod yn gysur inni, ac yn sbardun i ni i ddal ati. Meddai Paul,

"Y mae'r nos ar ddod i ben, a'r dydd ar wawrio. Nid ydym yn perthyn i'r nos nac i'r tywyllwch."

Gadewch inni, felly, roi heibio weithredoedd y tywyllwch, a byw yng ngoleuni'r Efengyl gan gredu yn Iesu Grist.

> *'Mi glywais lais yr Iesu'n dweud,*
> *'Goleuni'r byd wyf fi,*
> *Tro arnaf d'olwg, tyr y wawr,*
> *A dydd a fydd i ti.'*
> *At Iesu deuthum, ac Efe*
> *Fy Haul a'm Seren yw;*
> *Yng ngolau'r bywyd rhodio wnaf*
> *Nes dod i gartre' Nuw.'*

Dymunwn i chwi, deuluoedd, fendith Gŵyl y Goleuni y Nadolig hwn, a'r llawenydd o wybod fod Iesu Grist yn Oleuni'r byd, ac yn Oleuni i bwy bynnag sy'n credu ynddo Ef. Er mwyn ei enw. Amen.

Emyn: 873.(A) : *'Engyl glân o fro'r gogoniant'*
972 (Atodiad); 308 (M.Y.I.) : *'O! deuwch, ffyddloniaid'*

Y Fendith:
'I Dad y trugareddau i gyd
Rhown foliant, holl drigolion byd;
Llu'r nef, moliennwch, bawb ar gân,
Y Tad, y Mab, a'r Ysbryd Glân. Amen.

DATHLU'R NADOLIG.

Gweddi agoriadol:
Ein Tad nefol a sanctaidd, yn ein haddoliad, helpa ni i ddisgwyl yn weddïgar am fendith gŵyl y Geni, ac i fyfyrio yn ostyngedig yn neges dy Air, fel y cawn ein harwain yn feddyliol ac yn ysbrydol i Fethlehem Jwdea i weld ein Ceidwad yn ei grud. Bendithia ni ag ysbryd credu'r newyddion da, a llanw ni ag ysbryd llawenydd fod Iesu Grist yn frawd ac yn Geidwad bendigedig. Amen.

Emyn: 887(A); 982(Atodiad); 301(M.Y.I.)   : *'Tua Bethlehem dref'*

Llefarydd:
"Disgwyliaf wrth yr Arglwydd; y mae fy enaid yn disgwyl, a gobeithiaf yn ei air; y mae fy enaid yn disgwyl wrth yr Aglwydd yn fwy nag y mae'r gwylwyr am y bore "

"Ganwyd i chwi heddiw yn nhref Dafydd Waredwr, yr hwn yw'r Meseia, yr Arglwydd."

"Y mae fy enaid yn mawrygu yr Arglwydd."

Disgwyl yr addewid, derbyn yr addewid, a dathlu yr addewid. Dyma yw byrdwn y dair adnod a glywsom yn awr, a dyma geisiwn ei wneud yn yr oedfa hon, sef disgwyl yn eiddgar yr addewid am y Meseia, derbyn yn ddiolchgar yr addewid am y Meseia, a dathlu yn llawen fod y Meseia yn Waredwr ein bywyd. Yn gyntaf, disgwyl yr addewid-

> *'Darfu Moses a'r proffwydi*
> *Ddweud amdano cyn ei ddod.'*

Do, bu disgwyl mawr am ganrifoedd yn Israel am y Meseia, ac mae'r proffwydi yn mynegi hyn yn glir iawn, fel y gwelwn, er enghraifft, yn llyfr y proffwyd Eseia,

Darlleniad: Eseia 11: 1-10

Emyn: 729 (A); 425 (M); 196 (B) : *'O! tyred Di, Immanuel'*

Llefarydd:
Mae'n anodd i ni heddiw amgyffred dyfnder disgwyliad pobl Israel am y Meseia, a'r modd y parhaodd yr ysbryd hwn mor ddisglair am ganrifoedd lawer. Cenedl dan ormes cenhedloedd eraill fu Israel am y rhan fwyaf o'i hanes. Gormeswyd hi gan yr Eifftiaid, y Babiloniaid, y Groegiaid a'r Rhufeiniaid, ond er hynny, ni ddiffoddwyd gobaith y genedl fechan hon, ac fe adlewyrchwyd hynny yn ei ffydd y byddai Duw rhyw ddydd yn anfon y Meseia i'w gwaredu o law y gelynion.

Erbyn cyfnod Iesu Grist, fodd bynnag, 'roedd y gobaith hwn wedi gwanhau yn fawr iawn yn Israel, a bellach, ychydig oedd yn dal i ddisgwyl yn weddïgar am y Meseia. Dyddiau tywyll yn hanes Israel oedd y rhain. Gafaelai ymerodraeth Rhufain yn dynn amdani, gan ormesu ei phobl â threthi trymion a gorchfygu pob mudiad gwladgarol a feiddiai herio ei hawdurdod. Felly, 'roedd y gobaith mesiannaidd yn wan iawn yn y tir, ond er hynny, 'roedd gweddill ffyddlon i'w cael o hyd. Pobl oeddynt a wrthododd roi fyny'r ysbryd, ac a ddaliodd straen y disgwyl hir. Eneidiau prin a gwerthfawr oeddynt, ac yn eu plith yr oedd Mair a Joseff, a hen ŵr o'r enw Simeon ac Anna y broffwydes.

Mae swyn neilltuol yn hanes Simeon ac Anna yn disgwyl cyflawniad yr addewid. Collodd Anna ei gŵr yn ifanc iawn, ond ni adawodd i'r brofedigaeth chwerw hon suro ei bywyd. Ar hyd ei hoes faith, fe lynodd yn ffyddlon wrth ei ffydd yn Nuw, gan ddisgwyl yn weddïgar obeithiol am y Meseia. 'Roedd gan Simeon hefyd ddisgwyliadau crefyddol tebyg iawn i Anna. Fe wrandawn yn awr ar ei hanes yn Efengyl Luc.

Darlleniad: Luc 2: 25-32.

Cyd-weddïwn:
Diolchwn i ti ein Tad am blannu addewidion dy air yng nghalonnau dy blant i lawr ar hyd yr oesau, a'u cynnal yn wyneb treialon a themtasiynau bywyd. Diolchwn i ti am ffyddlondeb pobl fel Anna a Simeon a ddisgwyliodd am ddydd yr addewid heb anobeithio, ac a barhaodd i ymddiried yng ngwaith dy ras. Gweddïwn am nerth i'w hefelychu mewn gweddi a gweithred, ac am ffydd i ddal ati, gan gredu, fel y dywed dy Air, y bydd i'r hwn a ddechreuodd waith da ynom ei gwblhau erbyn Dydd Crist Iesu. Derbyn felly ein hymddiriedaeth a'n clod. Amen.

Emyn: 874 (A) : *'Odlau tyner engyl'*
980 (Atodiad); 280 (M.Y.I.) : *'Sisialai'r awel fwyn'*

Llefarydd:
Yn ail, derbyn yr addewid - *'Wele cawsom y Mesia*
Cyfaill gwerthfawroca' 'erioed.'
Ond nid fel cyfaill y derbyniwyd y baban Iesu gan nifer o bobl. Pan gyrhaeddodd ei rieni yn flinedig ym Methlehem, nid oedd lle iddynt yn y gwesty, a bu rhaid i Mair, ar ôl geni'r baban Iesu ei roi ym mhreseb yr anifail. Ond os oedd y croeso yn oeraidd ym Methlehem, nid oedd croeso o gwbl yn Jerwsalem, ac ar unwaith, gorchmynnodd y brenin Herod ei filwyr i ladd y baban Iesu a anwyd ym Methlehem.
Yn yr Efengyl yn ôl Ioan. fe gyfeirir at ymateb amrywiol pobl i enedigaeth Iesu Grist. Y mae rhai yn gwrthod credu gan ddewis llwybr unig anghrediniaeth, ac y mae eraill yn credu o'u bodd, ac yn mwynhau perthynas newydd â Duw. Dywed Ioan,

"Daeth i'w gartref ei hun, ac ni dderbyniodd ei bobl ei hun mohono. Ond cynifer ag a'i derbyniodd, rhoes iddynt hwy, y rhai sy'n credu yn ei enw, hawl i ddod yn blant Duw."

Mae'n dda dweud i nifer fawr o Iddewon hefyd, fel y

cenhedloedd, dderbyn Iesu Grist yn llawen ac yn ddiolchgar. Pobl felly oedd y bugeiliaid a'r doethion, ac yn eu brwdfrydedd, aethant i Fethlehem i weld yr hyn oedd wedi digwydd. Gadewch i ninnau yn awr fynd gyda hwy ar y daith yn llawen ein calon ac yn ddiolchgar ein hysbryd.

Emyn: 171 (C.Y.I.) : *'Awn i Fethlem, bawb dan ganu'*
273 (B) : *'Awn bawb ar lawen hynt'*

Darlleniad: Luc 2: 1-5.

Drama'r Nadolig.

Joseff a Mair yn cerdded o gefn y capel i lawr i'r tu blaen, ac yn canu ar yn ail. Gellir canu'r penillion ar y dôn 'Dix'.

Joseff:
Tyrd yn awr fy annwyl Fair,
Milltir sydd neu ddwy neu dair.
Mae'n rhaid cyrraedd cyn y nos
I gael gweled Bethlem dlos.
Ti gei yno orffwys llwyr
Yn y ddinas gyda'r hwyr.

Mair:
Diolch iti Joseff bach
Am fy nghadw'n gwbl iach.
Nid yw'r daith yn bell yn awr
Ac yn wir, fe ddaeth yr awr.
O! am eni mhlentyn tlws:
Joseff - cura ar y drws.

Joseff:
Tybed Mair, a fydd'na le
Wedi'r daith o Nas'reth dre'?
Cnoc, cnoc - dewch i'n helpu ni,
Dyma'n llef a'n gweddi ni.
O! am aros yma'n awr
Hyd nes gwelwn doriad gwawr.

Gŵr y llety:
> Helo, helo, y crwydriaid pell,
> 'D oes dim lle, ond i rai gwell.
> Ewch i'r stabl bellach draw,
> Cewch fan honno gysgod glaw.
> Peidiwch aros yno'n hir,
> Neu gwylltio wnaf, a dyna'r gwir.

> *(Joseff a Mair yn cerdded ymlaen yn araf ac flinedig, ac yn eistedd y tu ôl i'r preseb. Yna, y mae Joseff yn canu.)*

Joseff:	**Mair:**
Diolch wnawn, O Dduw ein Tad,	Diolch wnawn, O Dduw ein Tad,
Ar ôl cerdded draws ein gwlad.	Am dy gariad mawr a rhad.
Buost ffyddlon ar y daith	Dyro inni gwsg yn awr
Er i'n ofni lawer gwaith.	Er mwyn gorffwys tan y wawr.
Ynot Ti yn awr, O Dduw,	Yma cawn ni gysgu'n glyd
Ymddiriedwn tra bom byw.	Nes y genir Ceidwad byd.

Darlleniad: Luc 2: 6-7.

Carol i'w chanu gan y bugeiliaid a'r doethion ar y dôn 474 yn y Caniedydd.

Y bugeiliaid yn canu:

> Wrth wylio y defaid
> Tu allan i'r dref
> Fe glywsom y newydd
> Gan angel o'r nef.
> Rhaid teithio i Fethlem
> Lle ganed Mab Duw:
> Mae'n rhaid ei addoli,
> Ein Ceidwad ni yw.

Y doethion yn canu:

Wrth edrych i'r awyr
Yn hwyr yn y nos,
Fe welsom y seren
Yn twynnu mor dlos.
Rhaid ceisio ei dilyn
Yn ffyddlon o hyd,
I weled y baban
Sy'n Frenin y byd

Y doethion a'r bugeiliaid yn canu:

Diolchwn am gyfle
I foli Mab Duw.
Mae'n haeddu ein moliant,
Ein Gwaredwr ni yw.
O dewch chwi i'w foli,
A'i garu yn llwyr.
A pheidiwch ag oedi,
Gall fynd yn rhy hwyr.

Y plant i gyd a'r gynulleidfa yn canu.
O! unwn i foli
Gwaredwr y byd,
Yn llawen ein hysbryd
Tra fyddom ynghyd.
Mae'r Iesu yn Frenin
Goronwn yn ben,
A rhoddwn ein calon
I'n Ceidwad. Amen.

Llefarydd:

'Rydym wedi cyfeirio heddiw at ddisgwyl hir yr Iddewon am y Meseia, a'r derbyniad cynnes ac addolgar a gafodd gan y gweddill ffyddlon yn Israel. Deuwn yn awr at ddathlu'r addewid. 'Rydym eisoes wedi canu mawl i Dduw am ddyfodiad ei fab Iesu Grist, ond gwyddom am y perygl o ganu geiriau heb ganu mawl i Dduw. Mae'n hawdd iawn gyda threigliad y blynyddoedd golli rhin y 'Dolig a rhyfeddod Gŵyl y Geni. Yn ei gerdd hyfryd i 'Deyrnas Diniweidrwydd' mae gan Rhydwen Williams rybudd dwys iawn i bawb ohonom:

> Yn nheyrnas diniweidrwydd-
> Gwyn fyd pob plentyn bach
> Sy'n berchen llygaid llawen
> A phar o fochau iach!
> Yn nheyrnas diniweidrwydd-
> Gwae hwnnw wrth y pyrth:
> Rhy hen i brofi'r syndod,
> Rhy gall i weld y wyrth!

Llefarydd:
Yn hanes y geni, gwelsom wŷr doeth yn addoli, a bugeiliaid cyffredin yn gogoneddu enw Duw. Mae'r Nadolig hwn unwaith eto yn estyn cyfle i bawb ohonom i uno yn y moliant, ac i gyhoeddi,

"Daeth Duwdod mewn baban i'n byd!"

I ni gredinwyr, mae i'r Nadolig ei naws a'i awyrgylch unigryw-awyrgylch sy'n peri inni sylweddoli fod rhai pethau i'w derbyn yn hytrach na'u deall. Onid felly newyddion da Gŵyl y Geni? Ni all ein meddyliau meidrol fyth ddatrys dirgelwch yr Ymgnawdoliad, ond fe allwn drwy ffydd amgyffred a rhyfeddu.

> 'Ymhlith holl ryfeddodau'r nef
> Hwn yw y mwyaf un-
> Gweld yr anfeidrol ddwyfol Fod
> Yn gwisgo natur dyn!'

Dyma yn wir yw neges syfrdanol yr Efengyl, a heddiw daethom

ynghyd i dderbyn, ac i ddathlu yn llawen y newyddion da am Iesu Grist, ac i glodfori ei enw. Amen.

Cyd-weddïwn:

Diolchwn i ti ein Tad am y cyfle a gawsom yn yr oedfa hon i ddathlu'r newyddion da o lawenydd mawr,

> *'Caed baban bach mewn preseb,*
> *Drosom ni.*
> *A golau Duw'n ei wyneb*
> *Drosom ni.'*

Fel y doethion a'r bugeiliaid gynt, fe wnaethost ein tywys i'w bresenoldeb sanctaidd, a gwelsom ei ogoniant Ef. Wedi'r gweld a'r rhyfeddu, cadw ni rhag unrhyw falchder fydd yn ein rhwystro rhag cynnig lle iddo yn ein calonnau,

> *'Tyred, Grist, a chreu Nadolig*
> *Yn fy nghalon dlodaidd i.*
> *Tro fy mhreseb innau'n nefoedd,*
> *Y mae'n nefoedd lle 'rwyt Ti.'*

A ninnau yn mwynhau dy gwmni sanctaidd, cadw ni rhag anghofio loes y byd, lle mae rhai o'th blant yn unig a thrist, ac eraill yn wael eu hiechyd ac yn pryderu am eu dyfodol. O Dad, Tad yr amddifad a Bugail y gweiniaid, cadw dy bobl y Nadolig hwn yng nghorlan dy gariad, a thywys ninnau i rannu dy gariad ag eraill, fel y daw eraill i adnabod dy fab a anwyd ym Methleheb Jwdea, a fu farw ar Galfaria, ac a atgyfodwyd y trydydd dydd yn Arglwydd bywyd a marwolaeth.

O Arglwydd Iesu Grist, dangos i ni dy ogoniant, a derbyn ein clod, yn awr, ac yn oes oesoedd. Amen

Emyn: 883(C); 770(M); 813(B) : *'O! deued pob Cristion i Fethlem yr awron'*

Y Fendith:
   Ewch mewn tangnefedd i wasanaethu'r Arglwydd,
   a bendith Duw Hollalluog,
   y Tad, y Mab a'r Ysbryd Glân
   a fyddo gyda chwi oll yn wastad. Amen.

TYMOR NEWYDD

Gweddi agoriadol:
"*Deffro, di sydd yn cysgu, a chod oddi wrth y meirw, ac fe dywynna Crist arnat.*" Yn yr oedfa hon, Ein Tad, gwna ni'n ymwybodol mai Duw byw wyt Ti, ac mai i fywyd llawn o gariad y'n gelwaist. Deffro ni felly â'th oleuni sanctaidd, a thywynna wres dy gariad arnom fel y daw eraill trwyddom ni i'th adnabod yn Iesu Grist. Tywys ninnau hefyd i wir adnabyddiaeth ohonot, ac i'th addoli mewn prydferthwch sanctaidd. Gofynnwn hyn yn enw Iesu Grist. Amen

Emyn: 737(A); 39(M); 538(B)   :   '*Ynot, Arglwydd, gorfoleddwn*'

Llefarydd:
I lawer ohonom, mae mis Gorffennaf yn fis gorffen gwaith, mis Awst yn fis o seibiant, a mis Medi yn fis dechrau gwaith. Gobeithiwn ein bod yma heddiw mewn ysbryd dechrau gwaith, ac yr ymrown ati gydag egni ac ysbryd newydd yn y cyfnod nesaf yn ein hanes.
I gael egni ac ysbryd newydd, mae'n rhaid wrth gyfnod o atyfnerthu, a dyna fu mis Awst i lawer ohonom-cyfnod o orffwys ac o hamdden. Mae amser i bob peth, medd llyfr y Pregethwr, ac erbyn heddiw, mae hynny yn cynnwys hamdden a gwyliau, ond y mae mwy i fywyd na gwyliau. Yn wir, mae gwyliau ha' di-ben-draw yn gallu troi'n ddiflas, a hyd yn oed yn gallu achosi problemau.
Clywsom ddweud fod haf di-ddiwedd yn creu diffeithwch. Gwelsom hynny yng Nghymru ambell flwyddyn. Mae haul poeth cyson yn cochi'r ddaear, yn prinhau dŵr, ac yn lladd tyfiant. Gall hyn fod yn wir yn ein hanes ni hefyd. Mae hawddfyd braf a hir yn gallu ein gwneud yn ddi-fywyd, ac yn ddiawydd i ail-gydio mewn gwaith. Yn wyneb hyn, ac ar ôl cyfnod o hamdden a gorffwys ym mis Awst, onid yw'r amser wedi dod i ymysgwyd o'n cysgadrwydd ysbrydol, ac i ymateb i alwad

yr Apostol Paul,
"*Deffro di sydd yn cysgu, a chyfod oddi wrth y meirw, ac fe dywynna Crist arnat.*"
Daw'r adnod hon o lythyr Paul i eglwys Effesus, ac fe wrandawn yn awr ar weddill y bennod.

Darlleniad: Effesiaid 5: 1-21.

Emyn: 808 (A); 872 (Atodiad) : *'Tyrd atom ni, O! Grëwr pob goleuni.'*

Cyd-adrodd Gweddi'r Arglwydd.

Llefarydd:
Yn y bennod a ddarllenwyd, anogwyd ni i ddeffro o'n cwsg,
"*Deffro di, sydd yn cysgu.*"
Mae'r geiriau 'deffro' a 'chysgu' i'w gweld nifer o weithiau yn y Beibl. Yn llyfr y Salmau, er enghraifft, fe geir yr adnod hyfryd yn ei symlrwydd,
"*Yr wyf yn gorwedd ac yn cysgu, ac yna'n deffro am fod yr Arglwydd yn fy nghynnal.*"

Yn llyfr Genesis, fe ddywedir fod Jacob wedi cysgu ym Methel, ac iddo yn ei gwsg weld ysgol yn cyrraedd y nefoedd, ac arni angylion Duw yn esgyn ac yn disgyn i'r ddaear.
Mae nifer o gyfeiriadau at bobl yn cysgu hefyd yn y Testament Newydd. Yn llyfr yr Actau, er enghraifft, fe ddywedir mai cysgu oedd ceidwad carchar Philipi pan ysgydwyd muriau'r carchar gan ddaeargryn, ac iddo ddeffro o'i gwsg mewn braw mawr.
Hanes cyfarwydd arall yw'r disgyblion yn cysgu yng ngardd Gethsemane. 'Roedd Iesu Grist gerllaw yn yr ardd yn gweddïo'n ddwys ac mewn ing mawr, ac er gofid mawr iddo, methodd ei ddisgyblion â chadw'n effro i wylio drosto. Yr oeddynt yn cysgu, medd Mathew,

"*oherwydd fod eu llygaid yn drwm.*"

Nid ydym yn gwybod a oedd rhai Cristnogion yn eglwys Effesus yn gysglyd eu hysbryd ac yn farwaidd eu ffydd, ond mae'n amlwg mai neges yr Apostol Paul yw ei bod yn hen bryd i ddeffro, ac i fyw fel plant y goleuni. Yn wir, fe fynegodd hyn yn ei lythyrau i eglwysi eraill hefyd a oedd dan ei ofal. Gadewch inni wrando ar ddetholiad o'i waith.

Darllen: Rhufeiniaid 13: 11-14; 1 Thes 5: 4-11.

Emyn: 137(C.Y.I.) : *'Goleuni'r byd yw Crist'*
779 (Atodiad) : *'Tydi a wyddost, Iesu mawr'*

Llefarydd:
Yn y darlleniadau o lythyrau'r Apostol Paul a glywsom, fe'n hanogir ni i roi heibio gweithredoedd y tywyllwch a byw fel plant y goleuni. Un o nodweddion plant y goleuni yw eu bod yn effro yn ysbrydol, ac yn barod i gyflawni ewyllys cariad Duw yn Iesu Grist. Ond beth yw ystyr hyn yn ymarferol, a pha fodd y gallwn fyw fel plant y goleuni?

Yn gyntaf, mae plant y goleuni yn effro eu haddoliad i'r Arglwydd, neu fel y dywed Paul,

"Cyfarchwch eich gilydd â Salmau ac emynau, a chaniadau ysbrydol, canwch a phynciwch o'ch calon i'r Arglwydd. A diolchwch bob amser am bob dim i Dduw y Tad yn enw ein Harglwydd Iesu Grist."

Onid yw'r adnod yna yn rhoi cyfarwyddyd ardderchog inni sut i fod yn effro ein haddoliad i'r Arglwydd? Fe'n cymhellir gan Paul i ganu o'n calon, ac i roi diolch i'r Arglwydd yn gynnes ein hysbryd.

Llefarydd:
Ambell waith, gwaetha'r modd, mae ein llygaid yn hanner agored mewn oedfa, a'n meddwl ymhell a'n hysbryd yn cysgu!

Mae'n wir fod ambell bregethwr yn hirwyntog ac yn drymaidd, ond mae'r syniad o gysgu yng nghlyw newyddion da yr Efengyl yn wrthun. Yn sicr, ni fuasai Paul yn caniatau hyn, oherwydd iddo ef, plant y dydd yw Cristnogion, a phlant y goleuni. Am hynny, meddai,

"*Deffro di sydd yn cysgu, a chod oddi wrth y meirw.*"

Mae'r gorchymyn i godi oddi wrth y meirw yn ein hatgoffa fod deffro i'r bywyd newydd yn Iesu Grist yn ddigwyddiad mor chwyldroadol â chael ein codi o farwolaeth i fywyd. Felly, nid mater o fynd i gapel, a chael ein henwau ar lyfr yr Eglwys yw bod yn Gristion. Na, mae ymateb i neges yr Efengyl yn golygu chwyldro gwirioneddol yn ein calon, a chael ein hargyhoeddi gan yr Arglwydd Iesu Grist o'n cyflwr pechadurus, a'n codi ganddo o dywyllwch marwolaeth i oleuni ei gariad, ac i fywyd newydd.
Wel, oni all hyn ddigwydd mewn oedfa fel hon? Meddai yr emynydd W.Rhys Nicholas,

> '*Tydi yw haul fy nydd, O! Grist y Groes,*
> *Yr wyt yn harddu holl orwelion f'oes;*
> *Lle'r oedd cysgodion nos mae llif y wawr,*
> *Lle'r oeddwn gynt yn ddall 'rwy'n gweld yn awr.*
> *Mae golau imi yn dy berson hael,*
> *Penllanw fy ngorfoledd yw dy gael;*
> *Mae'r Haleliwia yn fy enaid i,*
> *A rhoddaf, Iesu, fy mawrhad i ti.*'

Mawrhau yr Arglwydd Iesu yw ein braint a'n hyfrydwch fel Cristnogion, ac yn ein haddoliad heddiw, gadewch inni wneud hynny yn effro ac yn llawen ein hysbryd.

Cyd-weddïwn:

(a) Diolchwn i ti ein Tad am fendithion dy gariad yn Iesu Grist, ac am y mwynhad rydym eisoes wedi ei brofi a'i dderbyn yn yr oedfa hon. Diolchwn iti am y fendith o ddarllen a gwrando dy Air sy'n llusern i'n traed, ac yn llewyrch i'n llwybrau. Diolchwn iti am y fendith o ganu clod i'th enw, a'r ymdeimlad o wefr dy gariad yn llosgi yn ein calonnau.

> *'Does destun gwiw i'm cân*
> *Ond cariad f'Arglwydd glân,*
> *A'i farwol glwy.'*

Cyffeswn inni aros yn nhywyllwch ein pechod a bodloni ar hynny. O! Arglwydd, nid ydym wedi dy garu di yn ôl dy haeddiant, na charu ein gilydd fel ni ein hunain. Trugarha wrthym, a dyro inni ysbryd edifeirwch am ein pechodau, ac ysbryd credu yn addewid dy Air.

"Os cyffeswn ein pechodau, y mae ef yn ffyddlon ac yn gyfiawn, ac fe faddeua, felly, inni ein pechodau, a'n glanhau o bob anghyfiawnder."

Diolchwn iti am gyfle'r oedfa hon i ymateb i alwad dy efengyl i ddod i oleuni dy gariad ac i ddeffro i'r bywyd newydd yn Iesu Grist.
O! Arglwydd Iesu Grist, llewyrcha dy gariad arnom, deffro ni, a defnyddia ni yn oleuadau i ddwyn eraill i'th adnabod a'th garu.

(b) Gweddïwn dros bawb sy'n fyr o'n breintiau, ac sy' heb gael y cyfle a gawn ni i ymateb i newyddion da yr Efengyl. O! Arglwydd, trugarha, a llwydda waith dy gariad ar ein daear. Dyro i'th weision neges dy Air, ac i'th bobl ym mhob man glustiau i wrando, a chalonnau cynnes i ymateb.
Yn ein gweddïau hefyd, cyflwynwn i'th ofal grasol, dy blant sy'n isel eu hysbryd, ac yn methu gweld goleuni dy gariad yn unman. O! Dad, bugeilia hwy yn dyner, a thro eu nos yn ddydd.
Diolchwn am ysbytai ein gwlad, ac am bob meddyg a nyrs sy'n cyflawni eu galwedigaeth yn ysbryd dy gariad. Diolchwn am bob darganfyddiad i leddfu poen a blinder, a meddyginiaeth i ddileu afiechydon. Gwyddom, ein Tad, fod afiechydon yn dal i flino'r ddynoliaeth, a gweddïwn gyda'r emynydd,

> *'Llaw a deall dyn perffeithia,*
> *Er iachâd*
> *A rhyddhad,*
> *Nefol Dad, i dyrfa.'*

Gweddïwn dros ein cyfeillion a'n hanwyliaid. Gwêl yn dda i'w cynnal â'th gariad, a'u bendithio â'th dangnefedd. Gofynnwn y cyfan yn enw ein Cyfaill a'n Gwaredwr Iesu Grist. Amen.

Emyn: 691(A); 747(M); 731(B): *'Ti fu gynt yn gwella'r cleifion.'*

Llefarydd:

Yn ail, mae plant y goleuni yn effro eu tystiolaeth i'r Arglwydd, neu fel y dywed Pedr yn ei lythyr,

"A byddwch barod bob amser i ateb y sawl a ofynno i chwi reswm am y gobaith sydd ynoch, gydag addfwynder ac ofn."

Mae'r Eglwys yn bod, nid yn unig i addoli Duw yn y capel ar y Sul, ond hefyd i genhadu'r Efengyl weddill ddyddiau'r wythnos. Mewn geiriau eraill, nid cymdeithas addolgar yn unig yw Eglwys i fod, ond cymdeithas genhadol hefyd. Yn rhy aml, 'rydym yn meddwl am yr Eglwys fel adeilad yr awn iddo ar y Sul yn unig- adeilad i ganu pedwar emyn, i wrando darllen pennod, i weddio, ac i wrando pregeth, ac yna, i gau'r drws tan y Sul dilynol!
Onid yw'n bryd inni sylweddoli nad Eglwys yw capel, a bod Eglwys Iesu Grist i fodoli trwy'r wythnos? Onid ein braint yw dangos natur yr Eglwys Gristnogol yn ein bywyd bob dydd, ac yn ein cenhadaeth i Iesu Grist.

Llefarydd:

Mae'na le i ofni mai cenhadon swil ac aneffeithiol ydym ni heddiw. Ein perygl ni yw nid ymddangos fel y Phareseaid, yn fwy crefyddol nag yr ydym, *"yn y synagogau ac ar gonglau'r* heolydd", ond "cuddio'r gannwyll dan lestr," gan fodloni ar fod yn fud ein tystiolaeth. Yn llyfr yr Actau, gwelwn nad oedd aelodau yr Eglwys Fore yn gwybod sut i fod yn Gristnogion tawel. Ar ôl tywalltiad yr Ysbryd Glân arnynt ar ddydd y Pentecost, 'roeddynt ar dân dros yr Efengyl, ac yn methu peidio â sôn am Iesu Grist. Yn eglwysi ein gwlad, fe roddir pwys mawr o hyd ar bregethu'r Efengyl, ac yn ddiddadl, y mae angen hyn arnom gymaint ag erioed, ond tybed a roesom ormod o bwyslais ar bregethu pwlpud? Gweinidog yn pregethu ac aelod yn tystio. Onid oes angen y ddau-tystiolaeth fyw y gynulleidfa, yn ogystal â phregethu nerthol y pwlpud? Y mae gan bob Cristion ei dystiolaeth, a gorau po cyntaf y deffrown i'r alwad i ddweud yn dda am Iesu Grist.

Emyn: 469 (A); 236 (M.Y.I.) : *'Arglwydd Iesu, gad i'n deimlo'*
  826 (Atodiad) : *'Arglwydd Iesu, dysg im gerdded'*

Llefarydd:
Yn drydydd, mae plant y goleuni yn effro eu gwasanaeth i'r Arglwydd, neu fel y dywed Paul yn ei lythyr at Gristnogion Rhufain,

"Yn ddi-orffwys eich ymroddiad, yn frwd eich ysbryd, gwasanaethwch yr Arglwydd."

Mae bod yn effro ein gwasanaeth i'r Arglwydd yn holl bwysig mewn oedfa, ac yn bwysig hefyd yn ein byw bob dydd. Ond beth a olyga bod yn effro ein gwasanaeth mewn gwirionedd? Wel, onid yw'n golygu, er enghraifft,
  ein bod yn effro ein clyw i wrando cri eraill,
  yn effro ein llygaid i weld yr angen yn ein hymyl ac yn y byd:
  yn effro ein teimladau i deimlo poen pobl eraill,
  ac yn effro hefyd yn ein parodrwydd i helpu'n gilydd, ac i helpu pwy bynnag sy' mewn trafferthion?

Fe ddywedodd Dietrich Bonhoeffer mai dyn er mwyn eraill oedd Iesu Grist. Fe fynegir yr un gwirionedd gan yr emynydd,

> *'Nid er ei fwyn ei hunan*
> *Y daeth i lawr o'r nef,*
> *Ei roi ei hun yn aberth*
> *Dros eraill wnaeth Efe.'*

Fel dilynwyr yr Arglwydd Iesu Grist, fe'n gelwir ninnau hefyd i fyw er mwyn eraill, ac i wasanaethu cyd-ddyn yn ysbryd ei gariad. Mae cenhadu trwy bregethu'r Efengyl a thystio i'r bywyd newydd yn Iesu Grist yn holl bwysig, ond mae gwneud hynny heb weithredu tosturi ac estyn cysur cariad yn diraddio ein Gwaredwr. Fe ddaeth ef i'n byd, *"nid i gael ei wasanaethu, ond i wasanaethu, ac i roi ei einioes yn bridwerth dros lawer."* Gwasanaethwyr ag ôl llafur cariad ar eu dwylo, ac ysbryd tosturi yn eu llygaid, yw dilynwyr Iesu Grist, ac yn eu brwdfrydedd drosto y maent yn byw iddo ar hyd eu hoes.

Dechreuwyd y gwasanaeth hwn â'r adnod,

"Deffro di sy'n cysgu, a chod oddi wrth y meirw, ac fe dywynna Crist arnat."

Mae'r cyhoeddiad fod Crist yn tywynnu goleuni ei gariad arnom yn cynhesu ein calon, ac yn gweddnewid ein bywyd. Nid yw haul ei gariad byth yn machlud, a'n gwaith ni yw adlewyrchu goleuni ei gariad i eraill, fel y gall eraill, trwyddom ni, adnabod cariad Duw.

Mawr yw ein braint, a'n cyfrifoldeb. Er mwyn Ei Enw.

Emyn: 64 (C.Y.I); 870 (Atodiad) : *'Tydi a wnaeth y wyrth,*
    O! Grist, Fab Duw'

Y Fendith:

O! Dduw ein Tad, ffynhonnell pob gwir oleuni, a Thad ein Harglwydd Iesu Grist, Goleuni'r byd, cadw ni yn effro ein hysbrydoedd ac yn gynnes ein calonnau yn fflam dy gariad, weddill y dydd, a hyd byth. Amen.

GERDDI'R BEIBL

Gweddi agoriadol:
Ein Tad nefol a sanctaidd, cwyd ein golygon atat ti yn dy nefoedd, a phâr inni glywed dy hyfrydlais ac arogl persawr dy gariad. Agor ein llygaid hefyd i ganfod harddwch dy berson, a llanw ein heneidiau â dymuniad dwfn i'th addoli mewn ysbryd a gwirionedd. Er mwyn ein Gwaredwr Iesu Grist. Amen.

Emyn: 737(A); 39 (M); 538 (B) : *'Ynot, Arglwydd, gorfoleddwn'*

Darlleniad: Salm 65.

Llefarydd:
Fel y clywsom yn y darlleniad o lyfr y Salmau, mae Duw wedi gweld yn dda i'n hamgylchynu â rhoddion gwerthfawr ei greadigaeth, a'n hymateb naturiol fel Cristnogion yw clodfori ei enw am ei ddaioni tuag atom.

Yn y Beibl hefyd, fe sonnir am nifer o erddi, a heddiw, byddwn yn canolbwyntio ar dair ohonynt, sef gardd Eden, gardd Gethsemane, a gardd y Bedd gwag. Mae cyfeiriadau at nifer o erddi eraill yn y Beibl, ond y dair gardd dan sylw sy' wedi bod bwysicaf yn hanes Cristnogaeth.

Gellir disgrifio gardd Eden fel gardd y fendith a drodd yn felltith yn hanes dyn; gardd Gethsemane fel gardd y frwydr fawr yn hanes Iesu Grist, a gardd y Bedd gwag fel gardd y fuddugoliaeth fawr, lle gwelwyd y Crist byw yn fuddugoliaethus ei wedd.

Mae hanes gardd Eden i'w gael yn llyfr Genesis-llyfr cynta'r Beibl, lle cawn hanes Duw yn creu'r byd, a rhoi trefn ar bopeth a greodd. A beth oedd ei ddyfarniad?

"Gwelodd Duw y cwbl a wnaeth, ac yr oedd yn dda iawn."

Yn y bennod gyntaf o lyfr Genesis, 'roedd yr holl greadigaeth yn llwyfan i weithredoedd Duw, ond yn yr ail bennod, 'roedd y llwyfan yn cael ei gyfyngu i faint gardd. Enw'r ardd hon oedd Eden, ac 'roedd yn ardd ffrwythlon a hyfryd iawn, ac ynddi, y gosododd Duw Adda ac Efa i'w thrin a'i chadw, a'i mwynhau heb ofni sychder na phrinder bwyd./Gwrandawn yn awr ar adnodau sy'n dweud hyn.

Darlleniad: Genesis 2: 7-15.

Llefarydd:
Yn ei gân fawr,'Golwg ar Deyrnas Crist', mae Williams Pantycelyn yn rhoi disgrifiad byw a hyfryd iawn o baradwys gardd Eden. Gwrandawn ar ychydig o linellau'r gerdd,

> *'Yma rhoed dyn i orffwys yn yr hyfrytaf le*
> *Gan waith yn fwy rhyfeddol nac eto gwelodd E':*
> *Cyflawnder o bleserau danteithiol maith ynghyd,*
> *Na welwyd byth drachefn eu bath mewn rhan o'r byd.*
> *Y baradwys hon rhof iti-hi gyfrif it dy hun*
> *I'w gwarchod a'i llafurio, a bwyta ei ffrwyth a'i thrin.'*

Paradwys gardd Eden, ond ni pharhaodd felly yn hir yn hanes Adda ac Efa. Fe syrthiodd y ddau i'r demtasiwn o fwyta ffrwyth o bren gwybodaeth da a drwg, gan droi gardd bendithion Duw yn ardd y felltith.

Mae cefndir y digwyddiad hwn yn arwyddocaol iawn. Yn ei drugaredd, fe osododd Duw Adda ac Efa, nid mewn anialwch sych, di-gysur, ond mewn gardd hyfryd a ffrwythlon.'Roedd ganddynt bob mantais i fyw bywyd llawn a dedwydd yn yr ardd baradwysaidd hon-tir ffrwythlon yn llawn planhigion, a digonedd o ddŵr o'r afon a redai trwyddi. Ond 'roedd i'r bywyd hwnnw ei amodau, ac un ohonynt oedd cydnabod hawl Duw i wahardd dyn rhag bwyta ffrwyth o un goeden arbennig yn yr ardd. Mynegir hyn yn llyfr Genesis yn yr adnod hon,

"Rhoddodd yr Arglwydd Dduw orchymyn i'r dyn, a dweud, "Cei fwyta'n rhydd o bob coeden yn yr ardd, ond ni chei fwyta o bren gwybodaeth da a drwg, oherwydd y dydd y bwytei ohono ef, y byddi'n sicr o farw."

Llefarydd:
Dylem esbonio'r gwaharddiad hwn yng ngoleuni trugaredd Duw. Nid teyrn yn gosod rhwystrau i faglu dyn yn ei wendid yw Duw, ond Tad yn dysgu ei blant fod i fywyd ar y ddaear ei amodau, a bod rhaid i ddyn fwyta ffrwyth ei anufudd-dod, er bod y ffrwyth hwnnw yn chwerw iawn ei flas. Dysg Duw hefyd trwy'r digwyddiad hwn mai ei eiddo ef yw'r hawl i wybod popeth ac i orchymyn, ac na fwriadwyd i ddyn wybod popeth na byw yn uwch na'i safle fel dyn. Yn hytrach, ei fraint yw aros yn ddyn ac ufuddhau i Dduw ei Greawdwr. Crynhoir hyn yn glir iawn gan y bardd, Ben Bowen,

'Gwybod popeth-nid hawl dynoliaeth yw,
Mae pren Gwybodaeth ar diriogaeth Duw:
Mae rhyw ddirgelwch fyth a'i ddieithr ffin
Yn cadw Duw yn Dduw, a dyn yn ddyn.'

Gwaetha'r modd, fe fethodd Adda ac Efa ag ufuddhau i orchymyn Duw, ac ni fu bywyd iddynt yr un fath byth wedyn. Er i Dduw, yn ei drugaredd rybuddio Adda o ganlyniadau anufudd-dod, syrthiodd Adda ac Efa i rwyd pechod, a danfonwyd hwy allan gan Dduw o ardd y bendithion i lafurio'r ddaear sych a chaled drwy chwys eu hwyneb.
Mae hanes gardd Eden yn hen, ac yn ymestyn dros ganrifoedd maith, ond mae'r gwirioneddau sydd yn yr hanes yn dal i sefyll, ac mor newydd a pherthnasol heddiw ag erioed. Pechadur balch wedi methu ufuddhau yw dyn, ac mae hyn yn cael ei adlewyrchu heddiw yn ei wrthryfel â Duw ac â'i gyd-ddyn. Am hynny, nid yw'r ddaear hon bellach yn baradwys i ddyn, ond yn fan uchelgais hunanol ac ymrafael cas hyd at dywallt gwaed. Ac fel aelodau o'r ddynoliaeth, ni

allwn ddianc o'r ddedfryd mai pechaduriaid ydym ninnau hefyd.

Emyn: 551 (A); 216 (M); 343 (B)   :   *'Yn Eden, cofiaf hynny byth'*

Cyd-weddïwn:
Yn ein gweddïau, cyfarchwn di fel ein Creawdwr daionus, a diolchwn i ti am dy greadigaeth. Diolchwn am brydferthwch ein daear, ac am i ti ein hamgylchynu â bendithion sydd y tu hwnt i'n gallu ni i'w rhifo. Cadw ni rhag colli'r ddawn i ryfeddu at brydferthwch byd natur, a rhag colli golwg ar dy law greadigol sydd y tu ôl i'r cyfan.

'Tydi sy'n deilwng oll o'm cân,
Fy Nghrewr mawr a'm Duw;
Dy ddoniau Di, o'm hamgylch maent
Bob awr yr wyf yn byw.'

Diolchwn iti am hanes a neges gardd Eden. Gwna ni'n ostyngedig ein hysbryd wrth gofio mor ddibynnol ydym arnat ti, ac yn edifeiriol ein hysbryd am bob methiant pechadurus yn ein hanes. O Dad, dyro inni ddoethineb i bwyso ar dy drugaredd, a ffydd i geisio dy faddeuant trwy haeddiannau dy fab Iesu Grist, a fu farw drosom ar groes Calfaria. Ac iddo ef y rhown ein diolch a'n clod, yn awr, a hyd byth. Amen.

Llefarydd:
'Rydym yn camu'n 'mlaen yn awr dros y canrifoedd o gyfnod bore'r ddynoliaeth yng ngardd Eden i ardd Gethsemane yng nghyfnod y Testament Newydd, lle enciliodd Iesu Grist nifer o weithiau yn ôl yr Efengylau.
Gardd gymharol fechan yw Gethsemane heddiw, ac yn ei hymyl, mae Eglwys hardd wedi ei hadeiladu, o'r enw Eglwys y Cenhedloedd. Nid ydym yn gwybod pwy oedd pïau'r ardd hon yng nghyfnod Iesu Grist, ond mae'n amlwg, pwy bynnag ydoedd, ei fod mewn cydymdeimlad llawn â'r Iesu. Yn yr

ardd hon heddiw, ceir coed cordeddog yr Olewydd, a chredir bod eu boncyffion yn dyddio'n ôl i gyfnod y Testament Newydd. Mae sylweddoli hyn, a chofio mai yn yr ardd hon y gweddïodd Iesu Grist ychydig amser cyn ei groeshoelio, wedi peri i lawer pererin deimlo eu bod yn sefyll ar ddaear sanctaidd wrth droedio'r llecyn hwn.

Darllennir yn awr hanes Iesu Grist yng ngardd Gethsemane, ac yntau yn oriau olaf ei fywyd fel dyn ar y ddaear. Marc sy'n rhoi'r hanes.

Darlleniad: Efengyl Marc 14: 32-42.

Emyn: 283(A); 377(M); 477(B) : *'Arnat, Iesu, boed fy meddwl'*

Llefarydd:
Fel y dywedwyd lawer gwaith, yr unig ffordd i ddarllen hanes Iesu Grist yng ngardd Gethsemane yw ar ein gliniau, ac mewn ysbryd gostyngedig. Llwyddodd mwy nag un emynydd i gyfleu ysbryd a theimladau dwys y Cristion wrth fyfyrio ar ing ei Waredwr yn yr ardd, ac mae'r emyn hon gan William Lewis gystal enghraifft â'r un,

> *'Cof am y cyfiawn Iesu,*
> *Y person mwyaf hardd,*
> *Ar noson drom anesmwyth*
> *Bu'n chwysu yn yr ardd;*
> *A'i chwys yn ddafnau gwaedlyd*
> *Yn syrthio ar y llawr:*
> *Bydd canu am ei gariad*
> *I dragwyddoldeb mawr.'*

Cyn mynd i Gethsemane, cynhaliodd Iesu Grist a'i ddisgyblion swper y Pasg yn yr Oruwchystafell, ac ar ddiwedd y swper, *"wedi iddynt ganu emyn"*, medd Marc, *"aethant allan i fynydd yr Olewydd."*
Ar ochr y mynydd hwn y mae Gethsemane, ac aeth Iesu Grist

ar ei union i mewn i'r ardd i weddïo.

Mae darlun yr Efengylau o'r Iesu yn gweddïo yng ngardd Gethsemane yn ddwys i'r eithaf, ac mae cynnwys ei weddi yn peri inni ymdeimlo â dyfnder trallod ein Gwaredwr.

Credwn fod tri gair a lefarodd Iesu yn ei weddi yn cyfleu y frwydr fewnol yr aeth drwyddi yng ngardd Gethsemane, sef 'awr', 'cwpan' ac 'ewyllys'.

I'r Arglwydd Iesu Grist, 'roedd i'r geiriau hyn eu harwyddocad arbennig.

Llefarydd:

Ystyriwn i ddechrau y gair 'awr'.

"O Dad, y mae'r awr wedi dod. Gogonedda dy Fab, er mwyn i'r Mab dy ogoneddu di."

Awr fawr Duw ar groes o bren i garu annheilwng fyd oedd hon i'r Arglwydd Iesu, a gwyddai y byddai yn y weithred hunan-aberthol hon yn cyflawni ei weinidogaeth ar ein daear. Fe ddaeth yr awr, a'r cyfle i ogoneddu Duw.

Mae'r gair 'cwpan' yn allweddol hefyd i geisio deall gweddi Iesu Grist.

"Fy Nhad, os yw'n bosibl, boed i'r cwpan hwn fynd heibio i mi."

Mae'r deisyfiad hwn yn dangos pa mor ddynol oedd yr Iesu, a pha mor ddrud iddo oedd wynebu'r groes. Cofiwn mai gŵr ifanc ydoedd ar y pryd, yn ei dri degau cynnar, ac yn llawn bywyd. Yn sicr, ni chwenychai ferthyrdod na marwolaeth greulon ar groes, ond gwyddai yn nyfnder ei fod y deuai hynny i'w ran. Dioddefodd ing meddyliol dwys ac arswyd teimlad, ond ni syflodd ei ffydd yn ei Dad nefol, ac aeth ati i weddïo'n ddwysach, *"ac yr oedd ei chwys fel dafnau o waed yn diferu ar y ddaear."*

Cwpan chwerw ei blas oedd hon i'r Iesu, ac fel dyn, yn naturiol, arswydai rhag y dasg a'i wynebai. Gardd y frwydr fawr oedd hon iddo, ond wrth barhau i weddïo'n ddwysach, derbyniodd nerth cariad ei Dad nefol i ddweud *"Gwneler dy ewyllys di."* Daw hyn â ni at y gair, 'ewyllys'. Yn ei weddi, mynegodd yr Iesu fod ei ewyllys ef yn unol ag ewyllys y Tad, a'i waith bellach oedd gwireddu hynny yn ei farwolaeth ar groes Calfaria. Cododd oddi ar ei liniau, a throdd gardd y frwydr fawr yn ardd y fuddugoliaeth fawr, a cherddodd i'r groes fel brenin yn esgyn i'w orsedd.

Cyd-weddïwn:

> 'F'enaid, gwêl i Gethsemane,
> Edrych ar dy Brynwr mawr
> Yn yr ing a'r ymdrech meddwl,
> Chwys a gwaed yn llifo i lawr:
>   Dyma'r cariad
> Mwyaf rhyfedd fu erioed.'

Diolchwn iti, ein Tad am emyn sy'n crynhoi ein meddyliau a'n teimladau wrth gofio ing enaid dy fab Iesu yng ngardd Gethsemane, a'r ymdrech meddwl yr aeth trwyddi er ein mwyn ni.

Cyffeswn ein diffyg dirnadaeth o ymroddiad llwyr dy fab i gyflawni dy ewyllys, a'n diffyg diolchgarwch am ei barodrwydd i farw ar y groes. Yn ein gwendid, cyffeswn ein tebygrwydd i'r disgyblion gynt. Rydym ninnau hefyd yn aml yn gysglyd ein hysbryd, ac yn methu cyflawni dy orchmynion.

Yn dy drugaredd, deffro ni, a chwyd ni i fywyd newydd yn Iesu Grist. O, Arglwydd, cod ni oddi ar ein gliniau yn Gristnogion effro ein ffydd a pharotach ein hysbryd i'th wasanaethu.

Diolchwn i ti am bawb a orchfygwyd gan degwch dy gariad yn Iesu Grist, ac sy'n adlewyrchu hynny yn eu bywydau. Er mwyn dy enw mawr, sancteiddia dy bobl yn dy gariad, a defnyddia ninnau i gyd i gyflawni bwriadau dy ewyllys ar ein daear. Clyw ein gweddïau, ac ateb ni, er mwyn Iesu Grist. Amen.

Emyn: 416(A); 384(M); 619(B): *'Melys cofio y cyfamod'*

Llefarydd:
'Rydym yn cloi ein gwasanaeth heddiw yng ngardd y Bedd gwag, lle atgyfododd Duw ei fab Iesu o farw yn fyw. Yn anad dim, gŵyl o lawenydd mawr yw'r Pasg i Gristnogion, a chyfle i gyhoeddi newyddion syfrdanol fod Iesu'n fyw heddiw.
Yn ôl Efengyl Ioan,'roedd y bedd lle rhoddwyd Iesu mewn gardd. I lawer sy' wedi bod yn yr ardd hon yn Jerwsalem, nid oes lle cyffelyb. Mae'n ardd hyfryd iawn, a chan amla', mae garddwr yn trin y blodau ynddi. Daw hyn â ni at y darlleniad olaf, sef hanes Mair Magdalen yn tybio mai'r garddwr oedd y Crist byw.

Darlleniad: Efengyl Ioan 20: 11-18.

Llefarydd:
Mae tystiolaeth Mair, *"Yr wyf wedi gweld yr Arglwydd."* yn ein hatgoffa o frawddeg a ddywedodd y Crist atgyfodedig wrth ei ddisgyblion yn yr Oruwchystafell,
"Gwyn eu byd y rhai a gredodd heb iddynt weld."
Mae lle i gredu fod y rhan fwyaf o Gristnogion yr oesau yn perthyn i'r dosbarth hwn o bobl a gredodd heb iddynt weld. Heddiw, credwn mai nid gweld y bedd gwag sy'n bwysig, ond credu yng ngallu cariad Duw yn Iesu Grist, ac ymddiried ynddo fel Arglwydd bywyd a marwolaeth.
Ym mha le y mae Iesu Grist heddiw? Mae gyda Duw y Tad yn y nefoedd, a chyda'i ddilynwyr ar y ddaear, a chyda phawb sy'n ceisio ei garu a'i wasanaethu. Gadewch inni gredu hyn â'n holl enaid, a chyhoeddi gyda'r emynydd mewn llawenydd

mawr fod yr Iesu yn fyw.

> 'Yr Iesu atgyfododd
> Yn fore'r trydydd dydd;
> 'N ôl talu'n llwyr ein dyled
> Y meichiau ddaeth yn rhydd:
> Cyhoedder heddiw'r newydd
> I bob creadur byw,
> Er marw ar Galfaria,
> Fod Iesu eto'n fyw.'   Amen,

Cyd-weddïwn:
Diolchwn i ti ein Tad am hanes y dair gardd, a'r cyfle a gawsom i ymateb i'w neges.
Yng ardd Eden, cawsom gyfle i nabod ein hunain, ac i gydnabod yn edifeiriol ein pechod yn dy erbyn di. O Dad, trugarha wrthym.
Yng ngardd Gethsemane, cawsom gyfle i nabod dy fab Iesu Grist, ac i gydnabod yn ddiolchgar ei gariad diymollwng tuag atom ar Galfaria. O Dad, derbyn ein diolch.
Yng ngardd y Bedd gwag cawsom gyfle i lawenhau ym muddugoliaeth dy gariad yn Iesu Grist, a chyhoeddi ei fod yn fyw heddiw. O Dad, derbyn ein clod a'n moliant,

> 'Ni allodd angau du
> Ddal Iesu'n gaeth
> Ddim hwy na'r trydydd dydd -
> Yn rhydd y daeth.'

O Arglwydd Iesu, rhyddha ninnau hefyd o bob caethiwed sy'n ein hatal ni rhag sianelu dy gariad i eraill, a chryfha ein heneidiau, fel yr awn o'r oedfa hon yn gadarn ein ffydd ynot ti, ac yn orfoeddus ein cân. Amen

Emyn: 336 (A); 197 (M); 427 (B)   :   'Mawr oedd Crist yn nhragwyddoldeb'

Y Fendith:
I'r hwn sydd yn eistedd ar yr orseddfainc, ac i'r Oen, y byddo'r fendith, a'r anrhydedd, a'r gogoniant, a'r gallu, yn oes oesoedd. Amen

YR EGLWYS GRISTNOGOL.

Gweddi agoriadol:
Diolchwn i ti ein Tad am gymdeithas dy Eglwys yn y lle hwn, ac am y fraint unwaith eto i'th addoli yn enw dy fab, ein Harglwydd Iesu Grist. Cynorthwya ni i ymateb i arweiniad yr Ysbryd Glân, fel y byddom yn ymwybodol o'th bresenoldeb sanctaidd, ac o fraint fwyaf ein bywyd. Gweddïwn dros bawb yn ein plith fydd yn cymryd rhan. Dyro iddynt hyder gostyngedig ynot ti, a dyhead enaid i wneud eu gorau er mwyn Iesu Grist. Clyma ni yn un yn dy gariad mawr, a derbyn ein clod. Amen.

Emyn: 595 (A) : *'Yr Arglwydd fendithiwn, cydganwn ei glod'*
43 (M) : *'Chwi weision Duw, molwch yr Iôn'*
145 (B) : *'Henffych i enw Iesu gwiw'*

Llefarydd:
Tybed faint o enwadau crefyddol y gellwch eu henwi? Dyma rai ohonynt -Bedyddwyr, Presbyteriaid, Annibynwyr, Wesleaid, Crynwyr, Undodwyr, Yr Eglwys Yng Nghymru, Pabyddion, Byddin Yr Iachawdwriaeth, a'r Pentecostiaid.
Fe gredir fod cannoedd o enwadau crefyddol i'w cael oddi mewn i'r Eglwys Gristnogol trwy'r byd i gyd. Mae nifer dda ohonynt i'w cael yng Nghymru, ac ym mhob tref fe geir o leiaf hanner dwsin o enwadau.
Fe all hyn achosi problem wirioneddol i'r Cristion, a pheri iddo ofyn ym mha le mae'r wir Eglwys heddiw? Mae'na gymaint o enwadau, ac mae llawer ohonynt yn honni mai eu heglwys hwy yw'r wir Eglwys ar y ddaear. Ar un llaw, mae'r Pabydd ceidwadol yn credu mai Eglwys Rhufain yw'r Eglwys ddilys, ac ar y llaw arall, mae'r Tystion Jehofa yn honni, yr un mor bendant, mai hwy sy'n cynrhychioli Duw ar y ddaear, a bod pawb arall yn golledig. Yng Nghymru, mae tebygrwydd rhwng yr enwadau ymneilltuol yn fwy amlwg na'r

gwahaniaethau, ac eto, maent yn gyndyn iawn o glosio at ei gilydd i sefydlu un Eglwys Gristnogol.

Felly, ym mha le y mae'r wir Eglwys heddiw? Mae hwn yn gwestiwn pwysig iawn, oherwydd mae'r Eglwys y dewisa'r Cristion ymaelodi ynddi i addoli a chymdeithasu yn sicr o ddylanwadu ar ei fywyd.

Llefarydd:
Ein bwriad heddiw yn ein myfyrdod yw holi ein hunain fel eglwys, ac atgoffa'n gilydd o wir natur yr Eglwys Gristnogol. Llyfr yr Eglwys yw'r Beibl, ac ynddo, mae Duw yn rhoi i ni wybodaeth gywir am natur a nodweddion Eglwys. Nid yw hyn yn golygu ein bod yn anwybyddu llyfrau Cristnogol eraill. I lawr ar hyd y canrifoedd, mae ysgolheigion Cristnogol wedi cyfansoddi llyfrau gwerthfawr ar natur Eglwys, ac fel cenedl, 'rydym wedi cael ein breintio â chyfoeth o lenyddiaeth Gristnogol, ond er mor werthfawr ydynt, credwn fod popeth a ddywedir ac a ysgrifennir gan ddyn i'w gloriannu yng ngoleuni'r Beibl. I ni Gristnogion, y mae'r Beibl yn Air Duw- yn llyfr y llyfrau, ac yn linyn mesur diogel i'w ddefnyddio i wahaniaethu rhwng y gau a'r gwir, ac i wybod beth yw gwir natur Eglwys.

Gadewch inni wrando yn awr ar ddarlleniad o'r Gair

Darlleniad: Marc 3: 13-19; 6: 7- 13.

Emyn: 356 (A)   :   *'O! Arglwydd Dduw ein tadau'*
             844 (Atodiad) :   *'Cofiwn am gomisiwn Iesu'*

Llefarydd:
Yn ôl y Beibl, mae'r Eglwys Gristnogol yn gymdeithas gwbl unigryw. Nid adeilad yw Eglwys i edrych arno, ac nid enwad yw Eglwys i ymffrostio ynddo, ond cymdeithas o bobl yn credu yn Iesu Grist, a thrwy nerth ei ras, yn ceisio byw yn Grist debyg. Ymhellach, mae'n bwysig cofio nad ein Heglwys ni mohoni, ond Eglwys yr Arglwydd Iesu Grist, a'i bod yn tarddu

o galon Duw ei hun, neu fel y dywedodd yr Arglwydd Iesu Grist am ei ddilynwyr,

"Nid ydynt yn perthyn i'r byd, fel nad wyf finnau'n perthyn i'r byd."

Er hynny, anghofiwn ambell dro mai dynion a gwragedd meidrol, ac o dueddiadau pechadurus yw aelodau'r Eglwys, ac yn arbennig wrth drafod saint yr Eglwys Fore. Wrth gwrs, fe ddylem fod yn ymwybodol o arbenigrwydd y genhedlaeth gyntaf o Gristnogion. Yn llygad y ffynnon y mae'r dŵr gloywaf, ac fe welwyd hynny, i raddau, yn hanes yr Eglwys, ond peidiwn â syrthio i'r dybiaeth anghywir mai Eglwys berffaith oedd yr Eglwys Fore. Na, dynion a merched oeddynt fel ninnau yn gwybod trwy brofiad chwerw beth oedd methu, a syrthio i brofedigaethau pechod. Yn wir, onid yw hyn yn brofiad cyffredin i holl saint yr oesoedd, o'r symlaf i'r mwyaf dysgedig? Ond er bod gan yr Eglwys Gristnogol ei gwendidau a'i diffygion mawr, fe gredwn mai hi yw'r gymdeithas orau fu erioed ar ein daear. Meddai rhywun,

"Pe byddai bosibl gafael yn yr Eglwys, a'i thynnu allan o'r byd, a thynnu ei dylanwadau a'i chyflawniadau o fywydau dynion, ni fyddai dim yn aros ond ysgerbwd llygredig."

Yn sicr, mae bodolaeth Eglwys yr Arglwydd Iesu Grist yn ein gwlad a'n byd yn destun rhyfeddod a diolchgarwch, ac yn yr oedfa hon, wrth fyfyrio ar ei nodweddion, fe ddiolchwn i Dduw amdani. Fel y gwyddom, mae hanes dechrau Eglwys yr Arglwydd Iesu Grist i'w gael yn y Testament Newydd-yn yr efengylau, ac yn arbennig yn llyfr yr Actau. Gadewch inni wrando ar dystiolaeth Luc.

Darlleniad: Actau 1: 12-14; 2: 1-4; 2: 43-47.

Emyn: 139(A) *'I'th eglwys, Arglwydd, rho fwynhau'*

861(Atodiad)   *'Collasom y ffydd, annwyl Iesu'*

Llefarydd:
Fel y dywedwyd yn barod, er mai dynion a gwragedd cyffredin a phechadurus oedd aelodau yr Eglwys Fore, 'roeddynt wedi profi nerthoedd ysbrydol Duw mewn modd anghyffredin iawn, ac 'roedd hynny wedi chwyldroi eu bywydau yn llwyr. Gŵr sy' wedi egluro natur y chwyldro hwn yw'r Apostol Paul, ac fe wnaeth hynny yn rymus iawn yn ei lythyrau, fel y gwelwn, er enghraifft, yn yr adnod hon:

"Yr oeddem wrth natur, fel pawb arall, yn gorwedd dan ddigofaint Duw. Ond gan mor gyfoethog yw Duw yn ei drugaredd, a chan fod ei gariad tuag atom mor fawr, fe'n gwnaeth ni, ni oedd yn feirw yn ein pechodau, yn fyw gyda Christ."

Yn ddiamheuaeth, 'rydym yn canfod yng nghymdeithas y Cristnogion cynnar nodweddion y wir Eglwys Gristnogol, ac yng ngweddill ein gwasanaeth, fe nodwn y nodweddion amlycaf a welwyd ym mywyd ei haelodau, ac yn y gymdeithas a gawsant â'i gilydd.

Llefarydd:
Yn gyntaf.'Roedd yr Eglwys Fore yn gymdeithas. Dywed Luc amdanynt,

"Yr oeddent yn dyfalbarhau yn nysgeidiaeth yr apostolion ac yn y gymdeithas."

Cymdeithas yw'r wir Eglwys.Dyma un peth na ellir ei orbwysleisio. Yn wir, dyma'r enw cyntaf a roddwyd ar yr Eglwys Gristnogol, sef y Gymdeithas. Koinonia yw gair y Testament Newydd amdani. Yn y gymdeithas hon, 'roedd yr aelodau yn ymwybodol o nerthoedd yr Ysbryd Glân, ac o bresenoldeb grasol yr Arglwydd Iesu Grist, ac adlewyrchwyd hyn yn eu haddoliad iddo, ac yn eu perthynas gariadus â'i

gilydd.
A ydym fel Eglwys heddiw yn gymdeithas wirioneddol yn Iesu Grist, ac yn adlewyrchu ei gariad yn ein perthynas ag ef, ac â'n gilydd? Dewisodd George Fox yr enw, 'Cymdeithas y Cyfeillion' ar ei Eglwys oherwydd credai yn angerddol y dylai'r Eglwys Gristnogol fod yn gymdeithas o bobl mewn perthynas o gyfeillgarwch cysygredig â'i gilydd yng Nghrist. Yn sicr, dyma un o nodweddion amlycaf yr Eglwys yn llyfr yr Actau. Ac onid felly y dylai fod? Yn ôl Efengyl Marc, galwodd yr Iesu gwmni o ddisgyblion, *"fel y byddent gydag ef"*, ac yn llyfr yr Actau, dywed Luc, eu bod gyda'i gilydd *"yn y gymdeithas"*.

"Braint, braint yw cael cymdeithas gyda'r saint." Gadewch inni brofi o'r fraint hon, a mawrhau presenoldeb yr Un sy'n abl i droi'r cyfarfod hwn yn gymdeithas â Duw ei hun.

Emyn: 783(A) : *'Hyfryd yw d'addoli'*
776 (Atodiad): *'Anadla, anadl Iôr'*

Llefarydd:
Yn ail. Yr oedd yr Eglwys Fore yn gymdeithas weddigar.
"Yr oedd y rhain oll yn dyfalbarhau yn unfryd mewn gweddi."
Y mae'n amlwg, yn ôl Luc, fod gweddïo yn rhan bwysig o addoliad yr Eglwys Fore. Buasai'n ddiddorol iawn gwybod sut 'roeddynt yn gweddïo, a beth fyddai eu hymateb wrth wrando ar ein gweddïau ni. Modd bynnag 'roedd perthynas gweddïau Cristnogion yr Eglwys Fore â'r Ysbryd Glân yn annatod, ac yn amlach na pheidio, gweddïent, nid am yr Ysbryd Glân, ond yn yr Ysbryd Glân, gyda'r canlyniad iddynt

"ddechrau llefaru â thafodau dieithr, fel yr oedd yr Ysbryd Glân yn rhoi llefrydd iddynt."

Onid ein diffyg ni yw ceisio gweddïo heb gymorth yr Ysbryd Glân, a cheisio'r Ysbryd Glân heb weddïo? Uwch ben un o adeiladau eglwysig yr India, y mae'r arwyddair byr ond pwrpasol hwn yn yr iaith frodorol,

> 'Mwy o weddi-mwy o fendith.
> Prin y weddi-prin y fendith.
> Dim gweddi-dim bendith.'

Gweddi fawr y diwygiwr, Evan Roberts oedd, "*Plyg fi.*" Fe ddywedir mai gwres tân yn unig all blygu darn o haearn, Yr un modd, ni all ond grym yr Ysbryd Glân ein plygu i weddïo mwy, a'n cymhwyso i ymateb i neges yr Efengyl.

Cyd-weddïwn:

(a) Diolchwn, ein Tad, am weinidogaeth dy Air arnom yn yr oedfa hon - dy Air sy'n dystiolaeth i'th weithredoedd nerthol, ac yn fynegiant byw o'th gariad anfeidrol yn Iesu Grist.
Diolchwn hefyd am weinidogaeth yr Ysbryd Glân-yr Ysbryd sy'n cynorthwyo ein gwendid ni, ac sy'n abl i ryddhau llinynnau ein tafodau i weddïo mewn ysbryd a gwirionedd.
O Dduw, yr Ysbryd Glân, gweinidogaetha arnom ac ynom yn yr oedfa hon. Goleua ein deall i wirioneddau yr Efengyl, a chynhesa ein calonnau i gofleidio cariad Iesu Grist.

> '*O! na byddai cariad Iesu*
> *Megis fflam angerddol gref,*
> *Yn fy nghalon i'w chynhesu,*
> *Fel y carwn ninnau Ef.*
> *O! na chawn i brofi nerthol*
> *Weithrediadau'r Ysbryd Glân,*
> *Fel y gallwn yn wastadol,*
> *Yn lle cwyno, seinio cân.*'

(b) Gweddïwn dros ein cyd-aelodau a'n cyfeillion sy'n isel eu hysbryd oherwydd amgylchiadau anodd, a phrofedigaethau colli iechyd a cholli anwyliaid. Dyro iddynt ffydd i gredu dy fod wrth law i wrando eu cri, ac i ymddiried y bydd pob peth yn cyd-weithio er daioni i'r rhai sy'n caru Duw.

Gweddïwn dros dy Eglwys yn y fro hon. Cynnal hi yn ei haddoliad a'i gwaith, a gwêl yn dda i fendithio popeth a wna sy'n unol â'th ewyllys sanctaidd. Diolchwn iti am y fraint uchel i fod yn aelodau ohoni, a thrwy dy ras, yn blant i ti, ac yn frodyr a chwiorydd i'n gilydd yn Iesu Grist. O Dad, derbyn ein diolch a'n clod, yn awr, a hyd byth. Amen.

Emyn: 708 (A); 34 (M); 411 (B)   :   ' *'Does gyffelyb iddo Ef'*

Llefarydd:
Yn drydydd. 'Roedd yr Eglwys Fore yn gymdeithas oedd yn rhannu.

"Yr oedd yr holl gredinwyr ynghyd yn dal pob peth yn gyffredin. Byddent yn gwerthu eu heiddo a'u meddiannau. a'u rhannu rhwng pawb yn ôl fel y byddai angen pob un."

Mae'r gair 'rhannu' yn cyfuno ysbryd derbyn a rhoi, ac oni welwyd hyn mewn modd arbennig iawn ym mywyd Cristnogion yr Eglwys Fore? Ar ŵyl y Pentecost, tystiodd Pedr, ar ran y cwmni yn yr oruwchystafell, eu bod wedi derbyn tywalltiad yr Ysbryd Glân, ac anogodd dyrfa fawr yn ninas Jerwsalem i dderbyn yr Efengyl trwy edifarhau am eu pechodau, a chredu yn Iesu Grist.'Roedd yr ymateb yn syfrdanol, ac yn ôl llyfr yr Actau, fe dderbyniodd tair mil o bobl yr Efengyl y diwrnod rhyfedd hwnnw.
Onid cymdeithas o bobl wedi derbyn llawer ydym ninnau hefyd? Ers ein plentyndod, 'rydym wedi derbyn bendithion dirifedi, ac ar groes Calfaria, rhoddodd Iesu Grist ei hun i ni hyd angau. Dywed yr emynydd,

> *'Myfi yn dlawd heb feddu dim,*
> *A'r Iesu'n rhoddi popeth im.'*

Llefarydd:
Man cychwyn y bywyd Cristnogol yw parodrwydd i dderbyn

o drugaredd a chariad anfeidrol Duw, ac wedi derbyn yn rhad, mae'r Cristion yn rhoi yn rhad, heb ddisgwyl dim yn ôl ond gwybod ei fod yn cyflawni ewyllys Duw yn Iesu Grist. Daw cyfle i ni bob dydd i roi i eraill o'r hyn a dderbyniasom gan Dduw, a dylem geisio gwneud hynny â'n holl galon. Yn un o'i bregethau, dywedodd Emrys ap Iwan,

"Y mae llawer disgybl yn ddigon bodlon i bwyso ar fynwes yr Iesu, ond yn anfodlon iddo Ef bwyso ar eu hysgwyddau hwy."

Yn yr Eglwys Fore, 'roedd yr aelodau yn derbyn ac yn rhoi rheidiau bywyd i'w gilydd mewn ysbryd cariad. Mewn geiriau eraill,'roeddynt yn rhannu popeth â'i gilydd, mewn symledd calon, ac er clod i'w Harglwydd.

A ydym ni yn Eglwys sy'n rhannu? Dyma yn sicr yw galwad cariad Duw,
   rhannu Crist â'n gilydd, rhannu cyfeillgarwch,
   rhannu llawenydd yr Efengyl, rhannu cyfrifoldeb,
   rhannu profiadau mawr a chyffredin bywyd ,
   rhannu profedigaethau, rhannu dagrau,
   rhannu gweddïau, ac addoliad,
   rhannu'r Gair, a rhannu'r bara, fel nad oes eisiau ar neb.

Emyn: 430 (A); 341 (M); 553 (B)   :   *'Arglwydd Iesu, llanw*
                                                    d'Eglwys'

Llefarydd:
   Yn olaf. 'Roedd yr Eglwys Fore yn gymdeithas oedd yn clodfori Duw. Yr oeddynt, medd Luc, yn

"dyfalbarhau beunydd yn unfryd yn y deml, gan foli Duw."

Wrth gwrs, mae'r Eglwys yn bod er mwyn nifer o bethau eraill. Mae'n bod er mwyn meithrin ac adeiladu'r credinwyr yn y ffydd Gristnogol, ac er mwyn pregethu'r Efengyl a gwasanaethu yn enw Crist yn y byd. Ond er pwysiced y gweithgarwch hwn, mae'r Eglwys yn bod yn bennaf oll i ogoneddu Duw, a'i addoli mewn prydferthwch sanctaidd. Ategir hyn yng nghyffes Westminster, sy'n cyhoeddi,

"The chief end of man is to glorify God, and to enjoy Him for ever."

Oni bai am Eglwys yr Arglwydd Iesu Crist, ni fyddai gennym y profiad cysegredig o gymdeithas â'n gilydd yng Nghrist, na chwaith y wefr nefol o gyd-addoli, ac heb addoliad, byddai ein ffydd yn Iesu Grist mewn perygl o oeri a marw yn fuan. Tynnwch golsyn coch o ganol y tân, a'i osod o'r neilltu, ac fe welwch yn fuan yr effaith arno. Buan y try yn lludw llwyd. Onid felly y dylem ystyried ein perthynas â'r Eglwys hefyd? Heb berthynas fywiol a chyson â'n gilydd yng Nghrist, rydym mewn perygl o golli yr Ysbryd bywiol sy'n cynnal ein ffydd, ac yn ein cadw ar lwybr iachawdwriaeth yr Efengyl.
Dechreusom ein myfyrdod â'r cwestiwn, ym mha le y mae'r wir Eglwys heddiw? Y mae i'w chael yn ein plith ac yn ein heglwysi o bob enwad. Credwn yn yr Eglwys oddi mewn i'r eglwys, oherwydd mae miloedd ar filoedd o bobl yng Nghymru o hyd heb blygu glin i Baal. Am hynny, ein braint a'n cyfrifoldeb yw dal ati i wasanaethu Duw oddi mewn i'r Eglwys ac yn y byd. Amen.

Emyn: 233 (A); 407 (M); 248 (B) : *'Aed grym Efengyl Crist'*

Y Fendith:
Ac yn awr, i ti ein Tad nefol, y perthyn pob mawl ac anrhydedd, pob doethineb a mawredd, a phob gallu a gogoniant, yn Iesu Grist ein Harglwydd. Amen.

SIMON PEDR.

Galwad i addoli:

'Ysbryd yw Duw, a rhaid i'w addolwyr ef addoli mewn ysbryd a gwirionedd.
Addolwch yr Arglwydd mewn llawenydd, dewch o'i flaen â chân.
Diolchwch i'r Arglwydd, oherwydd da yw, ac y mae ei gariad hyd byth.'

Emyn: 477 (A); 588 (M); 565 (B) : *'Anweledig! 'rwy'n dy garu'*

Llefarydd:
Gwrthrych ein myfyrdod heddiw yw Simon Pedr, ac fe geisiwn ddilyn hynt a helynt ei fywyd drwy edrych ar dair golygfa yn ei hanes. Yn y Testament Newydd, y mae nifer o olygfeydd i'n helpu i adnabod y cymeriad lliwgar hwn. Pysgotwr ydoedd wrth ei alwedigaeth, ac 'roedd anwadalwch a chynnwrf y môr yn ei gymeriad. Gŵr byrbwyll ei dymer oedd Pedr, ac anodd ei drin ar brydiau, ond er hynny, gwelodd Iesu Grist ddeunydd a phosibliadau disgybl ynddo, ac ymhen amser tyfodd Pedr yn un o brif apostolion yr Eglwys Fore.

I fod yn fanwl, nid enw iawn yw Pedr ond disgrifiad o'i bersonoliaeth gref, a'i gyfraniad cyfoethog maes o law fel Apostol. Rhoddwyd y disgrifiad hwn arno gan yr Arglwydd Iesu Grist yng Nghesarea Philipi. Ystyr Pedr yn yr iaith Roeg yw 'Craig'. Ni lwyddodd Pedr, fodd bynnag, i fod yn graig bob amser, ond trwy ffydd yn Iesu Grist, daeth yn rhan allweddol o adeiladwaith yr Eglwys Gristnogol.

Yn yr olygfa gyntaf, fe welwn Simon Pedr yn bwrw rhwyd i'r môr gyda'i frawd Andreas. Gadewch inni wrando ar yr hanes.

Darlleniad: Efengyl Mathew, pennod 4, adnodau 18-22.

Llefarydd:
Mae'r olygfa a gyflwynir yn yr adnodau hyn yn ddiddorol iawn ac yn cynnwys nifer o gymeriadau, sef Iesu Grist, a phedwar o fechgyn ifainc-Simon Pedr ac Andreas, Iago ac Ioan, ac hefyd tad Iago ac Ioan, sef Sebedeus.
Nodwedd amlwg y rhain yw mai dynion wrth eu gwaith ydynt-Pedr ac Ioan yn bwrw rhwyd i'r môr, ac Iago ac Ioan yn trwsio eu rhwydau gyda'u tad. Ond nid y rhain yn unig, sylwn, sy'n gweithio. Mae'r Arglwydd Iesu Grist hefyd wrth ei waith, a'i waith ef ar ddechrau ei weinidogaeth oedd dewis a galw disgyblion. Gwyddai y byddai'n rhaid iddo fynd allan i chwilio amdanynt, ac ar lan môr Galilea, daeth ar draws pedwar o fechgyn ifainc. Ar unwaith, fe welodd ddefnydd gweithwyr ynddynt, ac yn y fan a'r lle, fe'u galwodd hwy i'w ganlyn ef, ac i fod yn bysgotwyr dynion.
Gan amla', mae galwad y môr mor gryf ym mhrofiad pysgotwyr fel bod angen abwyd deniadol iawn i'w tynnu oddi wrth eu gwaith. Wel, mae'n siwr fod anturiaeth y môr, a'r ysfa i ddal pysgod yn gryf yn y bechgyn hyn, ond ar y diwrnod arbennig hwn, fe'u daliwyd gan alwad cryfach a mwy deniadol na galwad y môr. Yn wir, 'roedd awdurdod galwad Iesu Grist mor gryf, fel iddynt ymateb ar unwaith, a'i ganlyn yn y fan a'r lle.

Llefarydd:
Bardd sydd wedi llwyddo i roi mynegiant byw a chynhyrfus o hyn yw I.D.Hooson, yn ei gerdd ardderchog i Seimon, Mab Jona.

> *'Gwelais ei wyneb a chlywais ei lef*
> *A rhaid, a rhaid oedd ei ddilyn ef.*
> *Cryfach a thaerach yr alwad hon,*
> *A mwynach, mil mwynach na galwad y don:*
> *Ar hwyrnos loer-olau, ddigyffro, ddi-stŵr,*
> *Gadewais y cyfan i ddilyn y gŵr.'*

Beth am gymhwyso drwy ofyn, a ydym ni wedi ymateb i alwad yr Arglwydd Iesu Grist? Mae Crist heddiw, trwy ei Air, yn galw arnom i ymwadu â ni'n hunain, i godi'n croes, a'i ganlyn ef. Fel ninnau, 'roedd gan y disgyblion cyntaf eu gwendidau amlwg, ond fe wnaethant o leiaf ymateb i alwad Iesu Grist, a cheisio'u gorau i roi'r lle blaenaf iddo yn eu bywydau.

Onid yw'r hanes hwn yn ein hatgoffa o'n blaenoriaethau fel Cristnogion? Yn un o'i bregethau, fe ddywedodd William Booth, sylfaenydd Byddin yr Iachawdwriaeth, *"All God wants is all of William Booth."* Ein tuedd yn aml yw rhoi cyfran fechan ohonom ein hunain i'r Arglwydd, a thybio fod hynny yn ddigon. Ond mae'r alwad Gristnogol yn cynnwys llawer mwy na hynny, fel y rhybuddiodd Iesu Grist ei ddilynwyr yng Nghesarea Philipi,

"Os myn neb ddod ar fy ôl i, rhaid iddo ymwadu ag ef ei hun a chodi ei groes a'm canlyn i."

Emyn: 837(A); 530(M); 334(B)   *'O! na bawn yn fwy tebyg'*

Cyd-weddïwn:

O Arglwydd Iesu Grist, yng nghlyw neges dy Air, 'rydym yn ymwybodol iawn o'n gwendid a'n diffyg awydd yn aml i ymwadu â ni'n hunain, a chodi'n croes a'th ganlyn di. O Arglwydd, llanw ni ag ysbryd edifeirwch am ein methiant pechadurus, a bendithia ni ag ysbryd ffydd i ymateb i feddyginiaeth dy gariad, ac i'r alwad fawr i roi ein bywyd i ti.

> *'Ni allaf roddi fel y rhoddaist im;*
> *'Rwy'n gweld, yng ngolau'r groes, fy ngorau'n ddim:*
> *Ond at y groes, er hynny, deuaf i,*
> *I'm rhoi fy hunan i'th ewyllys Di.'*

Diolchwn iti am bawb sy'n cymryd dy alwad rasol o ddifri' calon, ac sy'n adlewyrchu dy gariad yn eu bywydau. Gwna ni yn debyg iddynt mewn meddwl, gair a gweithred, fel y byddom yn wir ddilynwyr i ti.

O Arglwydd Iesu Grist, ein Craig a'n Prynwr, dyro inni

ddoethineb i adeiladu ein bywydau arnat ti, ac i osod ein hyder a'n gobaith ynot ti fel y gallwn ddweud amdanat gyda'r emynydd,

> 'Craig a noddfa ydyw'r Iesu:
> Noddfa ddiogel, heb ei hail;
> Ni ddaw gelyn dros y muriau,
> Ni all dorri dan ei sail:
> Haleliwia!
> Craig fy iachawdwriaeth yw.' Amen.

Emyn   575 (A); 642 (M)   : 'I Ti dymunwn fyw, O! Iesu da'
              13 (B)   : 'Dy alwad, Geidwad mwyn'

Llefarydd:
Fe symudwn ymlaen i'r ail olygfa, lle cawn Pedr yng ngardd Gethsemane gyda'i gyd-ddisgyblion. Yn yr hanes hwn, cawn Iesu Grist yn gweddïo'n ddwys, Jwdas yn ei fradychu, a Phedr yn cyflawni gweithred fyrbwyll a chreulon iawn. Tybed a ydych yn cofio'r digwyddiad?

Darlleniad: Efengyl Ioan, pennod 18, adnodau 1-11.

Llefarydd:
Mae'r hanes hwn yn dangos gagendor mawr rhwng Iesu Grist a'i ddisgyblion-gagendor meddwl ac ysbryd, a dwy ffordd gwbl wahanol o drafod gelynion.
Un ffordd o drafod gelynion yw defnyddio'r cleddyf arnynt, fel y gwnaeth Pedr yng ngardd Gethsemane. Gweithred wyllt a chreulon oedd hon, a thrwyddi, gwelwyd ysbryd casineb Pedr, a'i barodrwydd i daro'n ôl ac i achosi poen i arall.
Ond y mae ffordd arall o drafod gelynion, ac fe ddangoswyd y ffordd honno gan Iesu Grist drwy yfed o gwpan dioddefaint. Meddai'r Iesu wrth Pedr,

"Rho dy gleddyf yn ôl yn y wain. Onid wyf am yfed y cwpan y mae'r Tad wedi ei roi imi?"

Y mae gwahaniaethau amlwg rhwng cleddyf a chwpan. Yr hyn a wneir â chleddyf yw trywanu, torri a chlwyfo, ond yr unig beth y gellir ei wneud â chwpan yw yfed ohoni, neu estyn diod i arall. Wel, onid yfed o gwpan dioddefaint y ddynoliaeth a wnaeth ein Harglwydd Iesu Grist ar ben Calfaria, ac estyn gwin cariad Duw i bechaduriaid fel ni?

> 'Y Gŵr a fu gynt o dan hoelion,
> Dros ddyn pechadurus fel fi,
> A yfodd y cwpan i'r gwaelod
> Ei hunan ar ben Calfari.'

Arf i ddinistrio bywyd yw cleddyf, ond llestr i adfer bywyd yw cwpan. Ar y groes, fe yfodd Iesu Grist o gwpan dioddefaint a marwolaeth er mwyn i ni gael yfed o gwpan iachawdwriaeth. Fe bwysleisiodd Iesu wrth ei ddisgyblion y weithred o roi cwpaned o ddŵr oer mewn cyfeillgarwch a charedigrwydd, ond ar y groes, fe wnaeth fwy na hynny,- fe roddodd gwpan iachawdwriaeth i ni mewn cariad.

Llefarydd:

Yng ngwasanaeth sacrament Swper yr Arglwydd, cawn gyfle arbennig i yfed o gwpan yr Arglwydd, ac yn aml, cawn wneud hynny yng nghlyw yr adnodau,

> 'Yr un modd hefyd fe gymerodd y cwpan, ar ôl swper, gan ddweud, "Y cwpan hwn yw'r cyfamod newydd, yn fy ngwaed i. Gwnewch hyn, bob tro yr yfwch ef, er cof amdanaf."'

Beth yw bendithion cwpan iachawdwriaeth? Mae'r bendithion y tu hwnt i bob mesur a gwerth. Wrth yfed o'r cwpan, cawn gyfle i ddwyn i gof bris ein gwaredigaeth, a chyfle hefyd i ddod i berthynas newydd â Duw, ac â'n gilydd fel brodyr a chwiorydd yng Nghrist. Wrth dorri'r bara a'i rannu, 'rydym yn cyfranogi o'r un dorth, ac yn dangos ein bod yn un teulu. Yn yr un modd, wrth yfed o'r un cwpan, dangoswn ein bod yn perthyn i'n gilydd am byth yn rhwymau cariad Duw yn Iesu Grist, ac *'na all nac angau nac einioes, nac angylion na thywysogaethau, na'r presennol na'r dyfodol, na grymusderau nac uchelderau na dyfnderau, na dim arall ein gwahanu oddi wrth gariad Duw yng Nghrist Iesu ein Harglwydd.'*

Am hynny, gadewch inni ymlawenhau yng ngallu cariad buddugoliaethus Duw yn Iesu Grist, a dweud gyda'r Salmydd,

'Dyrchafaf gwpan iachawdwriaeth a galw ar enw'r Arglwydd.'

Llefarydd:

Yn Efengyl Mathew, fe geir cofnod llawnach o'r hyn ddywedodd Iesu Grist wrth Pedr yng ngardd Gethsemane. Ar ôl y weithred greulon o dorri clust Malchus, gwas yr archoffeiriad, rhybuddiodd Iesu ei ddisgyblion y byddai pawb sy'n cymryd y cleddyf yn marw trwy'r cleddyf.

Yn y frawddeg hon, y mae proffwydoliaeth a rhybudd difrifol i bawb ohonom. Gwaetha'r modd, fe wireddwyd proffwydoliaeth Iesu Grist yn hanes y ddynoliaeth lawer gwaith. Cydiodd cenhedloedd y byd, fel Pedr, yn dynn yng ngharn y cledd, gan achosi rhyfeloedd di-angen a dioddefaint ofnadwy. Yn ein canrif ni, bu ugeiniau o ryfeloedd, heb sôn am ddau ryfel byd a achosodd gwymp a dinistr nifer o genhedloedd. Er hynny, ac er ein bod yn gwybod am erchylltra rhyfeloedd a'u canlyniadau arswydus, 'rydym fel cenhedloedd yn gyndyn o ollwng gafael ym mhŵer dinistrol y bom ac yng ngrym difaol gynnau a thanciau rhyfel. A gwaeth na hynny, mae nifer fawr o genhedloedd yn awyddus i ddal gafael yn eu harfau, ac i'w gwerthu i genhedloedd eraill. Y drychineb yw fod y fasnach arfau heddiw mor ffyniannus ag erioed, a'n bod fel cenhedloedd yn mynnu peryglu dyfodol y ddynoliaeth a bywyd y byd.

Llefarydd:
Ond y mae ffordd amgenach na ffordd casineb a lladd y gelyn, a chadw'r hen elyniaeth ymlaen, sef ffordd cariad Duw. Tywallt gwaed y gelyn wnaeth Pedr gyda'i gleddyf, ond tywallt ei gariad trwy golli ei waed wnaeth Iesu Grist. Achosi mwy o elyniaeth wnaeth Pedr gyda'i gleddyf, ond lladd y gelyniaeth yng nghalon y gelyn a wna Iesu Grist. Ac onid hynny a wnaeth ar Galfaria drwy yfed o gwpan dioddefaint a marw dros euog fyd?

Yn ôl yr Efengyl, dwy ffordd o fyw sydd-ffordd cleddyf sy'n arwain i ddinistr, a ffordd y gwpan sy'n ein herio ni i wynebu casineb mewn ysbryd cariad, a dioddefaint mewn ysbryd credu y bydd pob peth yn cyd-weithio er daioni i'r rhai sy'n caru Duw.

Cyd-weddïwn:
(a) Ein Tad nefol a sanctaidd, gweddïwn dros ein byd yn ei glwyfau a'i ofidiau-y rhai sy'n dioddef poen anobaith yn wyneb anghyfiawnder a chreulondeb eu cyd-ddynion, a'r rhai sy'n dioddef tlodi enbyd a newyn angeuol oherwydd gormes a hunanoldeb eraill. Cyffeswn ein hamharodrwydd ninnau hefyd i rannu rhoddion dy greadigaeth, ac i gadw yn hunanol yn lle rhoi yn hael. O! Arglwydd, trugarha wrthym, a

> 'Rho ynom dy dosturi di,
> I weld mai brodyr oll ŷm ni:
> Y du a'r gwyn, y llwm a'r llawn,
> Un gwaed, un teulu drwy dy ddawn.
>
> 'O! gwared ni rhag in osgoi
> Y sawl na ŵyr at bwy i droi;
> Gwna ni'n Samariaid o un fryd,
> I helpu'r gwael yn hael o hyd.'

(b) Diolchwn i ti am Efengyl y cymod yn Iesu Grist,'canys efe yw ein tangnefedd ni.' O! Dad, Tad yr holl genhedloedd, a Thad

pob unigolyn, tywys dy blant ym mhob man at droed croes Calfaria i geisio meddyginiaeth dy gariad sy'n lladd pob gelyniaeth, ac sy'n gryfach na holl gasineb y byd.
Diolchwn am gariad ein hanwyliaid tuag atom, a'u parodrwydd i faddau ac i'n derbyn fel ag yr ydym. Diolchwn hefyd am dy gariad sy'n peri inni ymwybod mai dy blant di ydym, a brodyr a chwiorydd i'n gilydd yn Iesu Grist. Trwy nerth dy ras, gwna ni'n deilwng o'r fraint aruchel hon, ac yn barod bob amser i ddyrchafu dy enw mewn gair a gweithred. Er mwyn dy enw. Amen.

Emyn: 38 (C.Y.I.); 192 (M.Y.I.) : *'Duw a Thad yr holl*
716 (M) *genhedloedd'*

Darlleniad: Efengyl Luc, pennod 22, adnodau 54-62.

Llefarydd:
Yn y drydedd olygfa, sef yr hanes a glywsom yn awr, fe ddywed Luc,

'Yr oedd Pedr yn canlyn o hirbell'.

Onid yw'r frawddeg hon yn rhoi darlun trist inni o ddisgybl Iesu Grist, ac yn arbennig o gofio mai Pedr oedd y disgybl mwyaf brwdfrydig a dewr o'r deuddeg? Pan ddaliwyd Iesu gan yr awdurdodau, fe ffodd gweddill y disgyblion am eu heinioes, gan wneud yn siwr y byddent yn ddigon pell o Jerwsalem. Ond fe arhosodd Pedr, a mentrodd i mewn i'r llys ar ei ben ei hunan i ganol pobl oedd yn elynliaethus i Iesu o Nasareth. Yn sicr, nid dyn i'w ddychryn ar chware bach oedd Pedr, ond er ei ddewred, fe fethodd â dal y straen. Pan eisteddodd yn y llys, fe adnabuwyd ef gan forwyn ac eraill fel un o ddilynwyr yr Iesu, ac fe'i heriwyd i gydnabod hynny. Gwadodd Pedr yn bendant, a phan wadodd y drydedd waith, fe ganodd y ceiliog. Mae'n hawdd bod yn feirniadol o Pedr druan, ond yn hytrach na'i feirniadu, fe ddylem ofyn i ni ein hunain,-pe byddem yn yr un sefyllfa, a fyddem wedi dal y prawf, a chadw'n ffyddlon i'r Iesu i'r diwedd?

Llefarydd:
Mae'r olygfa o Pedr yn wylo'n chwerw yn peri inni ofyn hefyd pam yr ymollyngodd Pedr i grïo mor ofnadwy? Mae'r ateb i'w gael yn adnod 61,

'Troes yr Arglwydd ac edrych ar Pedr.'

Mae edrychiad yn aml iawn yn cyfleu mwy na geiriau, ac yn sicr, fe effeithiodd edrychiad treiddiol Iesu Grist yn fawr ar Pedr. Nid bwrw golwg brysiog i gyfeiriad ei gyfaill a wnaeth Iesu, ond ei hoelio megis â'i lygaid, ac fe ysgydwyd Pedr i waelod ei fod.
Gwelodd Pedr ar ôl y digwyddiad hwn lawer edrychiad, ond ddim yn debyg i edrychiad treiddgar Iesu Grist. Edrychiad cariad yn treiddio i ddyfnder ei fod welodd Pedr yn llygaid ei Arglwydd, ac yng ngwres y llygaid mwyaf cariadus a welodd ein byd erioed, fe doddodd Pedr yn llyn o edifeirwch.
Mae'n dda dweud nad dyma'r olygfa olaf sydd o Pedr yn y Testament Newydd. Yn fuan iawn, ar ôl iddo wadu ei Arglwydd yng Ngardd Gethsemane, cawn ef yn ddyn newydd yng Nghrist, ac yn bregethwr nerthol ar ddydd y Pentecost yn Jerwsalem, a thrwy ffydd yn y Crist Atgyfodedig byw, a nerth yr Ysbryd Glân, fe dyfodd Pedr yn un o gewri'r Eglwys Fore, ac yn Gristion cadarn hyd at ei ferthyrdod yn Rhufain.
Beth amdanom ni heddiw? Os llwyddodd Iesu Grist i achub Pedr wyllt ei dymer ac anodd ei drin, fe all ein hachub ni hefyd, a'n gwneud yn dystion gloyw ac effeithiol iddo'i hun. Gadewch inni felly ymateb i alwad grasol ein Harglwydd, a byw iddo weddill ein hoes. Er mwyn ei enw. Amen.

Emyn: 716(A); 533(M); 396(B) : *'Cymer, Arglwydd, f'einioes i.'*

Y Fendith:
Gras ein Harglwydd Iesu Grist a chariad Duw, a chymdeithas yr Ysbryd Glân a fyddo gyda ni oll. Amen.

CANU MAWL I DDUW.

Llefarydd:
Thema'r gwasanaeth heddiw yw canu mawl i Dduw. Mae'r Beibl yn cynnwys nifer o anogaethau a chynghorion da sut i ganu mawl. Gadewch inni wrando ar ddetholiad o adnodau o lyfr y Salmau i'n helpu heddiw i ganu mawl i Dduw.

'Dewch, canwn yn llawen i'r Arglwydd, rhown wrogaeth i graig ein hiachawdwriaeth. Down i'w bresenoldeb â diolch, rhown wrogaeth iddo â chaneuon mawl. Oherwydd Duw mawr yw'r Arglwydd, a brenin mawr goruwch yr holl dduwiau.
Molwch yr Arglwydd. Da yw canu mawl i'n Duw ni, oherwydd y mae'n drugarog, a gweddus yw mawl.
Canwch i'r Arglwydd gân newydd. Canwch yn gerddgar ac yn soniarus.'

Cyd-weddïwn:
O Arglwydd ein Duw, cynorthwya ni i droi'r oedfa hon yn oedfa o fawl i ti, ac i gyhoeddi ar gân mai ti yn unig sy'n deilwng o'n haddoliad, ac mai i ti heddiw, fel ag erioed, y perthyn pob mawl ac anrhydedd, pob doethineb a mawredd, a phob gallu a gogoniant. O Arglwydd, bendithia ni yn ein haddoliad ag ysbryd gostyngeiddrwydd, a dyhead enaid i glodfori dy enw, 'Nid i ni, O Arglwydd, nid i ni, ond i'th enw dy hun, rho ogoniant,' ac er mwyn dy gariad a'th ffyddlondeb yn Iesu Grist. Amen.

Emyn: 1(A); 772 (M) : *'Cydganwn foliant rhwydd'*
154 (M.Y.I.) : *'Clodforwn Di, O! Arglwydd Dduw'*

Llefarydd:
I'r rhan fwyaf ohonom, byddai cynnal oedfa heb ganu emynau yn brofiad chwithig a dweud y lleiaf, ac mi fyddem yn teimlo fod rhywbeth pwysig ar goll yn ein haddoliad. Wel, fe fu adeg yn

hanes yr Eglwys Gristnogol yng Nghymru pryd nad oedd y gynulleidfa yn canu emynau. Mae'n anodd credu hyn heddiw, oherwydd mae canu emynau yn rhan annatod o'n haddoliad, ond mewn gwirionedd, rhywbeth cymharol ddiweddar yw caniadaeth y cysegr yn ein gwlad.

Daeth canu emynau i fri yn ystod y ganrif ddiwethaf, ac fel canlyniad i Ddiwygiad Efengylaidd y ddeunawfed ganrif, dan arweiniad Hywel Harris, Daniel Rowland a'r pêr ganiedydd, William Williams, Pantycelyn. Yng ngwres tanbaid y Diwygiad, ni allai'r gynulleidfa ymatal rhag torri allan i glodfori Duw ar gân.

Cyn y Diwygiad Efengylaidd, ychydig o ganu emynau a gaed yng Nghymru, ac amharod iawn oedd Piwritaniaid yr ail ganrif ar bymtheg i gynnwys canu emynau yn eu haddoliad. Ofnent y byddai sŵn offeryn a chanu yn cyffroi teimladau cnawdol y werin bobl, ac yn eu temtio i ymollwng i deimladau emosiynol a pheryglus, a cholli urddas a phwrpas addoliad. Am hynny, ni chaniatâi'r Piwritaniaid unrhyw offeryn cerdd yn eu haddoldai, a'r un mwyaf chwyrn ohonynt oedd Oliver Cromwell. Gorchmynnodd i'w weision ddinistrio pob offeryn cerdd yn eglwysi Prydain, ac fe wnaed y difrod mor llwyr, fel nad oes bellach ond un organ eglwysig sy'n dyddio o'r cyfnod cyn Oliver Cromwell.

Llefarydd:

Canlyniad hyn oedd llesteirio ysbryd y bobl i glodfori Duw ar gân, a chynyddu rhagfarn cryf yn erbyn canu emynau. Ystyriai rhai o'r Piwritaniaid, er enghraifft, Salmau Cân Edmwnd Prys yn annheilwng i'w canu am mai cyfansoddiadau dynol oeddynt, a chodwyd cwestiynau megis, pwy oedd i ganu mawl i Dduw,-ai'r credinwyr yn unig, neu'r gynulleidfa gymysg a gynhwysai rhai di-gred hefyd?

Ond fel y dywedwyd eisoes, torrodd y Diwygiad allan yng Nghymru yn y ddeunawfed ganrif, ac yng nghlyw pregethu nerthol Hywel Harris a Daniel Rowland, ni allai'r gynulleidfa gadw'n ddistaw mwyach. Aeth Williams Pantycelyn ati yn ddiymdroi i gostrelu profiadau'r saint drwy gyfansoddi cannoedd o emynau, a thrwyddynt, mynegodd yr eglwysi ganiad newydd a gorfoleddus i'r Arglwydd.

Llefarydd:
Erbyn canol y ganrif ddiwethaf, roedd cymaint o fri ar ganu emynau fel i David Rees, gweinidog eglwys, Capel Als, Llanelli, ddweud,

"Y mae canu emynau yn bwysicach na dim arall. Gweddïo, pregethu, a chanu emynau, a'r mwyaf o'r rhai hyn yw canu. Bydd gweddïo yn peidio pan gyrhaeddwn y nefoedd, bydd pregethu yn peidio yno- pawb yno wedi eu hachub, ond bydd canu yn y nefoedd i dragwyddoldeb maith!"

Wel, dyna beth yw barn nodweddiadol o Gymro! Yn gam neu'n gymwys,'rydym fel Cymry, yn meddwl amdanom ein hunain fel gwlad y gân, a gwlad y canu emynau. Yn sicr, y mae gennym gyfoeth o donau sy'n swynol i'r glust, ac emynau sy'n falm i'r enaid. Ynddynt costrelir profiadau'r saint i lawr ar hyd y cenedlaethau, ac y maent yn fynegiant gloyw o'n ffydd ni heddiw yn Nuw.
Tra byddwn fel cenedl yn canu emynau, bydd enwau emynwyr fel Edmwnd Prys, Ann Griffiths, Ben Davies, Ehedydd Iâl, Dafydd Jones o Gaio, Morgan Rhys, Elfed, Hiraethog, Rhys Nicholas, a nifer fawr o rai eraill yn aros yn fyw yn ein cof, ond ym marn llawer, yn nwylo Williams Pantycelyn y daeth yr emyn yn gyfrwng perffaith i fynegi'r ffydd a'r profiad Cristnogol.

"Williams pïau y canu." Dyma oedd barn Robert Jones, Rhoslan am y Pêr Caniedydd, ac mae lle i ddadlau nad oes neb arall wedi cyrraedd tir ysbrydol mor uchel â Williams Pantycelyn, fel y gwelwn, er enghraifft yn y pennill canlynol,

> *'Arnat, Iesu, boed fy meddwl,*
> *Am dy gariad boed fy nghân;*
> *Dyged sŵn dy ddioddefiadau*
> *Fy serchiadau oll yn lân:*
> *   Mae dy gariad*
> *Uwch a glywodd neb erioed.'*

Emyn: 283(A); 377(M); 477(B) : *'Arnat Iesu, boed fy meddwl'*

Llefarydd:
Er mai arferiad cymharol ddiweddar, fel y dywedwyd, yw canu emynau yng Nghymru, mae'r traddodiad o ganu mawl i Dduw yn hen iawn yn Israel, ac yn ymestyn yn ôl i gyfnod cynnar iawn yn hanes y genedl Iddewig. Yn llyfr Exodus, y bymthegfed bennod, er enghraifft, fe gyfeirir at Moses a'r Israeliaid yn canu i'r Arglwydd. Yn yr un bennod, fe gyfeirir hefyd at Miriam, chwaer Moses, yn dawnsio ac yn canu mewn llawenydd i'r Arglwydd am iddo agor y môr coch i'r Israeliaid, ac yn ei chân, anogodd yr holl wragedd i ganu,

'Canwch i'r Arglwydd am iddo weithredu'n fuddugoliaethus.'

Gŵr arall a oedd yn mwynhau canu oedd Dafydd, a chofiwn ei hanes yn cysuro'r brenin Saul drwy ganu'r delyn iddo. Yng nghyfnod y brenin Solomon, fe adeiladwyd y deml yn Jerwsalem, ac o hynny ymlaen, rhoddwyd lle mwy amlwg i gerddoriaeth ac i ganu mawl yng ngwasanaethau crefyddol yr Iddew. Aethpwyd ati i gasglu cyfrol o emynau i'w defnyddio yn bennaf yn y deml, a thros y cenedlaethau, fe gyhoeddwyd nifer o gasgliadau o emynau, ac mae'r casgliadau hynny i'w cael heddiw yn yr Hen Destament dan yr enw, Llyfr y Salmau.

Llefarydd:
Yr enw gwreiddiol ar lyfr y Salmau yw 'Caniadau Moliant', a dyna yn union yw llawer ohonynt-caniadau moliant y genedl Iddewig i'w Harglwydd. Fel ein llyfr emynau, mae llyfr y Salmau yn amrywio'n fawr o ran ei gynnwys. Ceir ambell salm yn taro'r nodyn lleddf a di-galon, fel, er enghraifft,

'Ger afonydd Babilon yr oeddem yn eistedd ac yn wylo wrth inni gofio am Seion.'

Ond y mae nifer fawr o'r Salmau yn taro nodyn cadarnhaol a diolchgar, ac ynddynt, mynega'r Iddew ei ffydd a'i orfoledd yn Nuw. Gadewch inni yn awr flasu profiad cyfoethog y Salmydd trwy wrando Salm 96.

Darlleniad: Salm 96.

Emyn: 123 (A); 473 (M) : *'Yr Arglwydd yw fy Mugail clau'*
101 (B) : *'Disgwyliaf o'r mynyddoedd draw'*

Llefarydd:
Yn ogystal ag yn yr Hen Destament, y mae cyfeiriad at ganu mawl i Dduw hefyd yn y Testament Newydd. Yn ôl Efengyl Luc, fe ddaeth yr Eglwys Gristnogol i fodolaeth yng nghlyw cân yr angylion.

'Gogoniant yn y goruchaf i Dduw, ac ar y ddaear tangnefedd ymhlith dynion sydd wrth ei fodd.'

Bugeiliaid a glywodd y gân hon gyntaf, ac aethant ar eu hunion i ddinas Bethlehem i chwilio am achos y gân, a daethant o hyd iddo ar lin Mair,
a chymaint oedd eu gorfoledd, medd Luc, fel iddynt ddychwelyd adref,

'gan ogoneddu a moli Duw am yr holl bethau a glywsant ac a welsant, yn union fel y llefarwyd wrthynt.'

Os llwyddodd rhywun i greu gorfoledd a chân yng nghalonnau pobl, yr Arglwydd Iesu Grist a wnaeth hynny. Yn wir, cyn ei enedigaeth, fe achosodd i Mair i ryfeddu mewn llawenydd, ac offrymu cân o ddiolchgarwch i Dduw.
Meddai,

'Y mae fy enaid yn mawrygu yr Arglwydd, a gorfoleddodd fy ysbryd yn Nuw, fy Ngwaredwr.'

At ei gilydd, caneuon gan unigolion a geir yn yr Efengylau, megis cân Mair, cân Sachareias a chân Simeon, ond yn yr Efengyl yn ôl Mathew, fe geir cyfeiriad at Iesu Grist a'i ddisgyblion yn canu yn yr oruwchystafell ar ddiwedd swper y Pasg:
'Ac wedi iddynt ganu emyn aethant allan i fynydd yr Olewydd.'

Gwyddai'r Iesu fod y groes wrth ymyl, ac y byddai ei ddisgyblion yn ei siomi a'i adael, ond ni rwystrodd hynny iddo ganu gyda hwy cyn ymadael i ardd Gerthsemame i'w baratoi ei hunan ar gyfer croes Galfaria.

Cyd-weddïwn:

(a)
'I Galfaria trof fy wyneb-
Ar Galfaria gwyn fy myd!
Y mae gras ac anfarwoldeb
Yn diferu drosto'i gyd;
Pen Calfaria,
Yno f'enaid gwna dy nyth.'

Diolchwn i ti ein Tad am emynau eneiniedig i fynegi ein dyheadau gorau ger dy fron. Diolchwn iti am yr amrywiaeth cyfoethog o emynau sydd gennym fel cenedl-emynau ar gyfer pob achlysur a phob gofyn. Maddau inni am eu canu yn aml heb roi ystyriaeth i'r geiriau, na chwaith i neges yr emynwyr. Cyffeswn nad yw dyfnder ffydd yr emynwyr yn eiddo i ni, ac mai gwan yw'n hamgyffrediad ysbrydol, ond bendigwn dy enw nad wyt yn ein trafod yn ôl ein haeddiant na'n gallu i fynegi ein ffydd. Digon i ti yw ein hymateb edifeiriol i'n pechodau, a pharodrwydd ein calon i gredu yn dy Fab annwyl Iesu Grist.

'Fy enaid, cred, yn unig cred
Yn Iesu mawr ei Hun;
Mae pob cyflawnder ynddo Ef
Er maint yw eisiau dyn.'

(b) Diolchwn fod gennym destun cân i bara byth yn Iesu Grist, ac na chawn ein siomi byth ynddo ef, na'n dadrithio yn ei gariad di-ymollwng tuag atom. Wrth fyfyrio ar aberth ei gariad ar y groes a buddugoliaeth ei gariad ar fore'r trydydd dydd, caniatâ inni brofi tangnefedd dy faddeuant yn ein calonnau, fel y dywedom,
'Yr ydym ni yn ei garu ef am iddo ef yn gyntaf ein caru ni.'

O Dad, cadw ni rhag cyfyngu dy gariad mewn unrhyw fodd,-
    trwy atal ein cariad i'n hanwyliaid,
    trwy wrthod llaw cyfeillgarwch i gymydog,
    trwy wawdio cenedl arall,
    trwy gau dwrn yn wyneb gelyn, a
    thrwy gau llygaid i angen ein cyd-ddynion.

(c) Gweddïwn dros ein byd yn ei angen mawr,
angen bwyd i'r newynog a chydwybod i'r da ei fyd-trugarha wrthym,
angen addysg i'r anwybodus a doethineb i'r gwybodus-trugarha wrthym,
angen cyfiawnder i'r gorthrymedig a cherydd i'r gormeswr-trugarha wrthym,
ac angen heddwch i'r cenhedloedd a gobaith i'r byd,-trugarha wrthym.
O Arglwydd, y mae angen ein byd yn fawr, a thi yn unig a all ein hachub a'n digoni.

> *'Holl angen dyn, tydi a'i gŵyr,*
> *D'Efengyl a'i diwalla'n llwyr;*
> *Nid digon popeth hebot ti:*
> *Bara ein bywyd, cynnal ni.'*

Cynnal yr oedfa hon â'th Ysbryd Glân, a dyro inni eto orfoledd dy iachawdwriaeth, a chynysgaedda ni ag ysbryd ufudd-dod, er mwyn Iesu Grist. Amen.

Emyn: 484 (A); 839 (Atodiad); 551 (B) : *'Dyma gariad, pwy a'i traetha?'*

Llefarydd:

Diffiniodd Awstin Sant swyddogaeth emyn mewn addoliad Cristnogol fel "mawl i Dduw ar gân", ac yn llyfr yr Actau, cawn enghreifftiau o hynny yn digwydd. Daw i'r cof ar unwaith Paul a Silas yn gweddïo ac yn canu mawl i Dduw am hanner nos yng ngharchar Philipi. Yno 'roeddynt wedi eu rhwymo mewn cadwynau gan awdurdodau dinas Philipi, ond er iddynt golli eu rhyddid corfforol, ni chollodd y ddau eu gobaith na'u ffydd. Yn lle cwyno ac anobeithio, yr hyn a wnaeth Paul a Silas oedd seinio cân i'r Arglwydd, ac 'roedd y carcharorion, medd Luc, yn gwrando arnynt. Beth oedd eu cyfrinach? Mae'r ateb yn glir. 'Roedd ganddynt destun cân i ganu amdano-cân iachawdwriaeth yn Iesu Grist, a thrwy eu cân o fawl, fe drodd Paul a Silas garchar Philipi yn gysegr moliant i Dduw.

Llefarydd:

Fel Apostol a gweinidog i'r Arglwydd Iesu Grist, rhoddodd Paul nifer o gynghorion da i eglwysi ei ofal ynglŷn â phwysigrwydd addoli Duw, ac yn ei lythyr i eglwys Effesus, mae'n annog y saint i addoli Duw ar gân.

"Cyfarchwch eich gilydd â salmau ac emynau a chaniadau ysbrydol; canwch a phynciwch o'ch calon i'r Arglwydd."

Os yw penodau cyntaf y Testament Newydd yn cynnwys newyddion da o lawenydd mawr, a chân yr angylion yn cyhoeddi dyfodiad Mab Duw i'n byd, y mae penodau olaf y Beibl yn cyhoeddi buddugoliaeth cariad Duw yn Iesu Grist, a gwna hynny yn sŵn tyrfa fawr o'r saint yn canu,

> *"Haleliwia!*
> *Eiddo ein Duw ni y fuddugoliaeth a'r gogoniant a'r gallu,*
> *oherwydd gwir a chyfiawn yw ei farnedigaethau ef;*
> *Llawenhawn a gorfoleddwn, a rhown iddo'r gogoniant."*

Mae gennym nifer fawr o emynau sy'n taro'r nodyn buddugoliaethus yn ein llyfr emynau, ac fe ganwn yn awr un ohonynt.

Emyn: 336 (A); 197 (M); 427 (B)   :   *'Mawr oedd Crist yn nhragwyddoldeb'*

Llefarydd:
Gorffennwn drwy sôn yn gryno am ddatblygiad canu emynau cynulleidfaol fel y gwyddom ni amdano heddiw. Mae'n ddiogel dweud mai gyda'r Diwygiad Protestanaidd yn yr unfed ganrif ar bymtheg, gyda'i bwyslais ar offeiriadaeth yr holl saint, y dechreuodd holl gynulleidfa'r Eglwys ganu mawl i Dduw. Cyn hynny, cyfyngwyd canu emynau ymhlith y werin i ychydig bererindodau a gwyliau eglwysig, ac ar y Sul yng ngwasanaethau'r Offeren, yr offeiriaid yn unig fyddai'n canu, a chanai'r cwbl yn yr iaith Ladin. Ond fel ym mhob cyfnod o adfywiad ysbrydol, fe barodd y Diwygiad Protestannaidd i'r gynulleidfa deimlo na allent gadw'r gân yn ddistaw yn eu calonnau, a bod rhaid iddynt ganu clod i Dduw am yr Efengyl.

Llefarydd:
Y gŵr a wnaeth gyfraniad aruthrol i ddatblygiad canu emynau oedd y Diwygiwr mawr ei hun, Martin Luther. Yn wir, gellid dweud mai ef yw tad yr emyn gynulleidfaol modern. Fe gyfansoddodd y rhan fwyaf o'i emynau ym mlynyddoedd cynnar y Diwygiad, ac ar unwaith, cydiodd y werin bobl ynddynt a'u defnyddio i glodfori Duw ar gân.
Mae rhai o'i emynau wedi eu cyfieithu i nifer fawr o ieithoedd, ac mae gennym nifer fechan ohonynt yn yr iaith Gymraeg. Maent yn emynau llawn hyder ac egni, ac yn adlewyrchu tân a chynhesrwydd y Diwygiad. Ym marn rhai haneswyr, bu ei emynau yn fwy dylanwadol hyd yn oed na'i bregethau, ac yn gyfrwng i newid cwrs hanes Ewrop.
Gŵr a gyfieithodd un o emynau enwocaf Martin Luther oedd Lewis Edwards, y Bala. Mynega'r emynydd fuddugoliaeth sicr

Duw yn Iesu Grist, ac na all y diafol a'i lu wneud dim mwyach i danseilio buddugoliaeth derfynol Duw yn hanes yn byd. Gorffennwn ein gwasanaeth ar y nodyn cyffrous hwn trwy ganu emyn Martin Luther yn ein hiaith ein hunain.

Emyn 769(A); 83(M); 631(B) : *'Ein nerth a'n cadarn dŵr yw Duw'*

Y Fendith:

'Gogoniant i'r Tad, a greodd y byd;
Gogoniant i'r Mab, a'n prynodd mor ddrud;
Gogoniant i'r Ysbryd, a'n pura'n ddi-lyth;
I'r Drindod mewn Undod rhown foliant dros byth.'   Amen